铁路货运岗位作业培训教材

铁路货物运输计费

《铁路货运岗位作业培训教材》编委会　编

中国铁道出版社有限公司

2021年·北　京

内 容 简 介

本书为《铁路货运岗位作业培训教材》中的一种，内容包括计费流程与标准、国际铁路联运进出口货物国内段的运输费用、铁路非运用车运输费用、运价浮动、货票系统、安全风险及防控措施、费用计算示例等。本书立足国家职业标准、铁路行业标准、规章制度的要求，结合新技术、新设备、新业务的发展与运用，重点突出铁路货物运输计费作业人员应知应会、实作技能、应急处置、案例分析，具有较高的科学性、规范性和实用性。

本书可供铁路货物运输计费作业人员培训与自学使用，也可作为相关管理人员的参考用书。

图书在版编目(CIP)数据

铁路货物运输计费/《铁路货运岗位作业培训教材》编委会编．—北京：中国铁道出版社有限公司，2021.6
铁路货运岗位作业培训教材
ISBN 978-7-113-27894-6

Ⅰ.①铁… Ⅱ.①铁… Ⅲ.①铁路运输-货物运输-统计核算-教材 Ⅳ.①U294

中国版本图书馆 CIP 数据核字(2021)第 066619 号

书　　名：**铁路货物运输计费**
作　　者：《铁路货运岗位作业培训教材》编委会

责任编辑：安　琪　　　　**编辑部电话**：(010)63583273
封面设计：郑春鹏
责任校对：苗　丹
责任印制：高春晓

出版发行：中国铁道出版社有限公司(100054，北京市西城区右安门西街 8 号)
网　　址：http://www.tdpress.com
印　　刷：国铁印务有限公司
版　　次：2021 年 6 月第 1 版　2021 年 6 月第 1 次印刷
开　　本：880 mm×1 230 mm　1/32　印张：4.75　字数：88 千
书　　号：ISBN 978-7-113-27894-6
定　　价：22.00 元

编 委 会

前 言

当前，我国铁路事业实现了长足发展，高速铁路、高原铁路、高寒铁路、重载铁路等领域技术已达到世界领先水平。近年来，一批新建和改造的货场、物流基地投产，货车、装卸设施设备更新升级，货运信息化建设水平提高，都为货运发展植厚了根基，同时也对货运系统职工队伍素质提出了新的更高要求。

人才培养，是新时代提高服务质量、保障运输安全的基石；职工培训，是满足铁路向现代物流企业转型、提供高素质技能人才支撑的重要途径。铁路货运业务涉及范围广，岗位工种分类细，规章数量多、关联性强、修改频繁，迫切需要梳理和建立一套完善的专业培训教材。教材不仅是劳动者终生教育和职业生涯发展的主要工具，而且是提高培训质量的重要保障。为此，广州局集团公司聚焦“交通强国、铁路先行”，组织开发了实用性、针对性、操作性强的《铁路货运岗位作业培训教材》。

《铁路货运岗位作业培训教材》由广州局集团公司货运部、职工培训部共同牵头组织，广州货运中心、长沙货运中心、衡阳职工培训基地分工负责，集中了优秀工程技术人员、工匠、首席技师编写及审定。教材涵盖了铁路货运基础知识、铁路货运票据电子化、铁路货运劳动安全、货物装载加固及超限超重运输、铁路集装箱运输、铁路鲜活货物运输、铁路货物班列运输、铁路货车篷布运用、铁路专用线货物运输、铁路货物保价及损失处理、特种设备和特种作业、铁路货运计量安全检测设备运用、铁路抑尘作业、铁路货物运输计费 14 个方面的专业内容。教材坚持继承与创新相结合，充分体现了新技术、新设备、新业务的发展与运用；教材坚持科学性与规范性，依据铁路行业标准的基本要求编写，准确体现了国家职业标准、铁路行业标准、规章制度的要求；教材坚持实用可行性原则，重点突出了应知应会、实作技能、应急处置、案例分析，既便于现场职工培训与自学，又利于管理人员提高工作水平。

本套教材适用于货运各工种适应性培训，也适用于职工新职、转岗、晋升的资格性培训和职业技能鉴定培训。在教材编写与审定过程中，得到了湖南高速铁路职业技术学院、北京扬天科技有限公司以及广州局集团公司有关部室、单位的大力支持，在此一并表示感谢。

《铁路货运岗位作业培训教材》编委会

2021 年 5 月

目 录

第一章　概　　述

第一节　货物运输费用基本概念

一、运输费用

铁路货物运输费用是对铁路运输企业所提供的各项生产服务消耗的补偿。包括车站费用、运行费用、服务费用和额外占用铁路设备的费用等。

1. 运费

广义运费包含基价1、基价2运费，电气化附加费，特定区段运费（合资、地方铁路公司运费，临管线运费），特定加价运费（京九分流运费）；狭义运费包含国铁区段基价1、基价2运费，电气化附加费。

2. 杂费

铁路货物运输杂费（简称杂费）是铁路货物运输费用的组成部分。

铁路运输的货物（包括企业自备车或租用铁路货车）自承运至交付的全过程中，铁路运输企业向托运人、收货人提供的辅助作业和劳务，以及托运人或收货人额外占用铁路设备，使用用具、备品所发生的费用，均属货运杂费。

二、铁路货物运输收入

1. 运输收入

运输收入是运输企业在办理客货运输业务和辅助作业中，向旅客、托运人、收货人核收的运输全程票款、运费和杂费等运输费用的总称，其资金形态统称为运输收入进款。

2. 货运进款

货运进款包括货运收入、铁路建设基金、代收款。

(1)货运收入

货运收入是指运输企业在办理货物运输业务和辅助作业中，使用铁路客货运输票据，按规定向托运人、收货人核收的运费、杂费。

(2)铁路建设基金

铁路建设基金是指运输企业在办理货物运输业务过程中使用铁路客货运输票据，按规定向托运人、收货人核收的经国家批准征收的铁路建设基金。

(3)代收款

代收款是指客货营业单位核收铁路运输费用时，按规定一并核收其他费用，或使用其他企业专用票据为其代收的款项等。包括以下款项：

①国际联运应清算给外国铁路的旅客票价收入，行李、包裹、货物运杂费；

②内地与香港直通运输中，应支付给有关铁路方的旅客票价收入及代办费，行李、包裹、货物运杂费；

③代收的旅客、货物保险费等；

④旅客、托运人、收货人预付款；

⑤经批准的其他代收款等。

三、相关票据

铁路办理客货运输使用的各种车票、行李票、包裹运单、货物运单、客货运杂费收据和定额收据，以及电子票据等统称为铁路客货运输票据。

铁路客货运输票据是铁路收取客货物运输费用的结算单据和运输企业核算运输收入的原始凭证。任何单位或个人不得篡改铁路电子票据数据信息。

四、涉及收费的相关名词释义

1. 运价里程

运价里程是指计算货物运输费用适用的里程。

2. 计费重量

计费重量是指计算货物运输费用适用的重量。

3. 运价号

运价号是指铁路货物运输中，按货物性质、运输条件、运输成本、运价政策和国民经济中所处的地位和作用来分类编号。

4. 运价率

运价率是指计算铁路货物运价的运费单位。

5. 前方货运站

前方货运站是指装卸地点的列车运行方向前方办理

货运营业的车站。

6. 后方货运站

后方货运站是指装卸地点的列车运行方向后方办理货运营业的车站。

7. 运用车

运用车是指参加铁路营业运输的国铁货车、企业自备货车、外国铁路货车,内存货车、企业租用、军方特殊用途重车。

8. 非运用车

非运用车是指不参加铁路营业运输的国铁货车(包括租出空车)、在专用线、专用铁路内的已获得“过轨运输证”的企业自备货车、在站装卸作业企业自备空车、在本企业内的内存空车、军方特殊用途空车以及国铁特种用途车。

第二节　货物运价的定价权限、管理权限与要求

铁路的货物、行李的运价率实行政府指导价或者政府定价,竞争性领域实行市场调节价。政府指导价、政府定价的定价权限和具体适用范围以中央政府和地方政府的定价目录为依据。铁路货物运输杂费的收费项目和收费标准,以及铁路包裹运价率由铁路运输企业自主制定。

铁路的货物、包裹、行李的运价,货物运输杂费的收费项目和收费标准,必须公告;未公告的不得实施。

第二章　计费流程与标准

第一节　计算货物运输费用的程序

一、计算一般程序

1. 按《货物运价里程表》(简称《里程表》)计算出发站至到站的运价里程。

2. 根据货物运单上填写的货物名称查找“铁路货物运输品名分类与代码表”、《铁路货物运输品名检查表》，确定适用的运价号。

3. 整车、零担货物按货物适用的运价号，集装箱货物根据箱型和箱类、冷藏车货物根据车种分别在“政府指导价铁路整车货物运价率表”(附录1)，“市场调节价铁路零担、集装箱及整车运价率表”(附录2、附录3)”中查出适用的运价率(即基价1和基价2，以下同)。

货物适用的基价1加基价2与货物的运价里程相乘之积后，再与确定的计费重量(集装箱为箱数或规定计费重量)相乘，计算出基础运费。

4. 杂费按《铁路货物运价规则》(简称《价规》)的规定计算。

二、运价里程

货物运价里程应根据《里程表》按照发站至到站间国铁正式营业线最短径路(与国家铁路办理直通的合资、地方铁路和铁路运输企业临管线到发的货物也按发、到站间最短径路)计算,但《里程表》内或铁路运输企业另有规定有计费径路的,按规定的计费径路计算。运价里程不包括专用线、货物支线的里程。

1. 车站和里程查找方法

根据《里程表》首先从站名音序索引表或站名首字笔画索引表中,查出发站和到站在《里程表》中的页数,即可从《里程表》中找出发站和到站至接算站间的里程,通过计算得出发到站间的里程。

用来计算跨及两条或两条以上线路车站间运价里程的车站称为接算站。《里程表》上一般用"★"表示,图上一般用"o"表示接算站在路网上位于两条或两条以上线路的汇集交叉点。

2. 运价里程按实际经由计算的情况

下列情况发站在货物运单内注明,运价里程按实际经由计算:

(1)因货物性质(如超限货物等)必须绕路运输时。

(2)因自然灾害或其他非铁路责任,托运人要求绕路运输时。

(3)属于班列运输的货物,按班列径路运输时。

承运后的货物发生绕路运输时,仍按货物运单内记载的径路计算运输费用。货物在运价率不同的营业铁路间办理直通运输时，按各营业铁路运价里程分别计算。

3. 应另加入运价里程计算的情况

(1)通过轮渡时，应将规定的轮渡里程加入运价里程内计算。

粤海轮渡线：海安南—海口，26 km。

江阴轮渡线：靖江南—江阴北，6 km。

渤海轮渡线：烟台北—旅顺西，189 km。

[例 1]徐州北站发青岛港一车水路联运整车货物，经由连云港换装，请计算运价里程。

解：根据《里程表》计算出徐州北至连云港站的运价里程为 227 km。查“铁路和货物联运换装站到码头线里程表”，连云港站到码头线的里程为 2 km。

运价里程为：227＋2＝229(km)。

(2)水陆联运的货物，应将换装站至码头线的里程加入运价里程内计算。里程可按《里程表》中的“铁路和货物联运换装站到码头线里程表”确定。

(3)国际联运货物。进、出口货物的运价里程，应将国境站至国境线的里程计算在内。里程可按《里程表》中的“国际联运国境站到国境线里程表”确定。

[例 2]包头东站经由二连出口到俄罗斯一整车货物，请计算运价里程。

解：根据《里程表》计算出包头东站至二连站的运价里程为 640 km。查“国际联运国境站到国境线里程表”，二连站到国境线的里程为 5 km。

运价里程为:640＋5＝645(km)。

4. 特殊情况运价里程的计算

(1)站界内搬运的货物,按实际运输里程(不足1 km的尾数进整为1 km)计算运价里程。

(2)区间装卸货物,途中装车按后方货运站计算运价里程;途中卸车按前方货运站计算运价里程。

(3)整车分卸的货物,按照发站至最终到站的运价里程计算。

(4)货物运输变更运价里程的计算:

货物发送后,托运人要求变更到站时,运价里程应按发站至处理站,处理站至新到站分别计算。

对已承运的货物,因自然灾害发生运输阻碍变更到站时,运价里程按发站至处理站与处理站至新到站的实际经由里程合并通算。如至新到站经由发站至处理站的原经路时,计算时应扣除原经路的回程里程。

进口货物在国境站应收货人的代理人要求,受理货物运输变更时,运费按进口国境线至新到站的里程通算。

三、运价号

中国国家铁路集团有限公司(简称国铁集团)现行铁路货物运价实行分号运价制。整车货物运价号分为7个(1～6号、机械冷藏车);零担货物运价号分为2个(21号、22号);集装箱货物运价号分为2个(20英尺箱、40英尺箱)。

按照货物运单上填写的货物品名,查找“铁路货物运输品名分类与代码表”和《铁路货物运输品名检查表》，确定出该批货物适用的运价号。

四、运价率

铁路货物运价率是根据运价号相应制定出对应于每一运价号的基价 1 和基价 2。基价 1 是货物在发站及到站进行发到作业时单位重量（箱数）的运价，只与计费重量（箱数）有关，与运价里程无关。基价 2 是指货物在途期间单位重量（箱数）每一运价公里的运价，与计费重量（箱数）与运价里程有关。

1. 整车货物

运价号为 1 号时无基价 1，基价 2 的单位为“元/轴公里”；运价号为 2～6 号时基价 1 的单位为“元/t”，基价 2 的单位为“元/吨公里”；机械冷藏车基价 1 的单位为“元/t”，基价 2 的单位为“元/吨公里”。

2. 零担货物

基价 1 的单位为“元/10 kg”，基价 2 的单位为“元/10 千克公里”。

3. 集装箱货物

基价 1 的单位为“元/箱”，基价 2 的单位为“元/箱公里”。

铁路的货物的运价率，国铁集团根据实际情况结合市场需求不定期进行调整。目前，根据运输货物品名的不同，分为“政府指导价铁路整车货物运价率”和“市场调节铁路零担、集装箱及整车运价率”。

4. 运价率加、减成率计算规则

一批或一项货物，运价率适用两种以上减成率计算运费时，只适用其中较大的一种减成率；适用两种以上加成率时，应将不同的加成率相加之和作为适用的加成率；同时适用加成率和减成率时，应以加成率和减成率相抵后的差额作为适用的加（减）成率。

需要限速运行（不包括仅通过桥梁、隧道、出入站线限速运行）的超限货物，只计算限速运行的加成率，不另计算超限货物加成率。

集装箱运输的货物（35 t 敞顶箱除外），因货物性质、集装箱箱型分别适用两种加成率时，只适用其中较大的一种加成率。

五、运杂费尾数处理

每项运费、杂费的尾数不足 1 角时按四舍五入处理。

各项杂费凡不满一个计算单位，均按一个计算单位计算（另有规定者除外）。

第二节　货物运费

货物运费根据货物运输种类，货物品名所适用运价率、计费重量及其发到站间运价里程计算。

一、整车货物运费

整车货物根据货物品名所适用运价率、计费重量及其发到站间运价里程，按下列公式计算：

整车运费＝(基价 1＋基价 2×运价里程)×计费重量

1. 普通整车货物

(1)计费重量

整车货物的计费重量，一般情况下，按货车标记载重量计算运费。货物重量超过标重时按货物重量计费。货物实际重量为包括货物包装物重量在内的总重量。

整车货物以吨(t)为单位，吨(t)以下四舍五入。

①使用矿石车、平车、砂石车，经铁路局集团公司批准装运“铁路货物运输品名分类与代码表”“01”、“0310”、“04”、“06”、“081”和“14”类货物按 40 t 计费，超过时按货物重量计费。

②表 2-1 所列货车装运货物时，计费重量按表中规定计算，货物重量超过规定计费重量的，按货物重量计费。

表 2-1　整车货物规定计费重量表

车型	车种	计费重量(t)
B_{10}	机械冷藏车	44
B_{22} B_{23}	机械冷藏车	48
BH_1	铁路隔热保湿车	85
JSQ_5	双层运输汽车专用车	100
JSQ_6	凹底双层运输汽车专用车	100
JSQ_7	运输汽车—普货两用车	装运汽车时 100 t， 装运普货时 50 t

续上表

车型	车种	计费重量(t)
JSQ8	关节式双层运输汽车专用车	240
JNA1	运输卡车专用车	105
QD3	凹底平车	70
GY95S GY95 GH40 GY40 GH95/22 GY95/22	石油液化气罐车	65
GY100S GY100 GY100-Ⅰ GY100-Ⅱ	石油液化气罐车	70

③车辆换长超过 1.5 的货车(D 型长大货物车除外)未明定计费重量的,按其超过部分以每米(不足 1 m 的部分不计)折合 5 t 与 60 t 相加之和计费。

④米、准轨间换装运输的货物,均按发站的原计费重量计费。

⑤整车运输焦炭(03)、钢铁及有色金属产成品(钢锭钢坯 0520、钢材 0530、有色金属及其加工材 0571、半导体材料 0573、石油套管油管 0574)、木材(10)最低计费重量按货车标重的 60%,货物重量超过的按实重计费。

⑥承运人提供的 D 型长大货物车的车辆标重大于托运人要求的货车吨位时,可根据实际使用车辆的标重减少计费重量,但减吨量最多不得超过 60 t。

(2)确定运价率

①根据托运人在货物运单上所填写的货物名称,按照“铁路货物运输品名分类与代码表”查出该批(项)货物所适用的运价号,按承运当日实行的运价率,查出该批货

物适用的运价率。

②按一批办理的整车货物，运价率不同时，按其中高的运价率计费。

[例3]托运人在邯郸站托运一批货物到石家庄南站，其中空调50台，运动器材100套，合计60 t，使用P_{62}装载，按整车托运。请确定运价率和运费。

解：查《里程表》邯郸至石家庄南的运价里程为160 km，查品名分类与代码表，查出空调为6号运价，运动器材为5号运价，因其按一批托运，故按6号运价率计费，6号运价的基价1为26.0元/t，基价2为0.138元/吨公里，计费重量60 t。

运费为：(26＋0.138×160)×60＝2 884.8(元)。

2. 冷藏车货物

(1)使用铁路机械冷藏车运输，要求途中保持－12 ℃以上的，按机械冷藏车运价率计费。途中保持温度－12 ℃(不含)以下的货物，按机械冷藏车运价率加20%计费。途中不需要加温(或托运人自行加温)或制冷的货物，按机械冷藏车运价率减20%计费。

[例4]托运人从南翔站托运一批冻肉38 t到无锡北站某专用线，使用B_{10}机械冷藏车装运，托运人要求途中保持温度－18 ℃以下。请计算运费。

解：南翔站到无锡北站运价里程119 km，机械冷藏车基价1为20.0元/t，基价2为0.14元/吨公里，托运人要求途中保持温度－18 ℃以下，运价率加20%，B_{10}计费重量44 t。

运费为：(20＋0.14×119)×(1＋20%)×44＝1 935.6(元)。

(2)代替其他货车装运非易腐货物的铁路冷藏车，按所装货物适用的运价率计费。

3. 超限及限速运行货物

(1)超限货物运费

①一级超限货物：按运价率加50%；

②二级超限货物：按运价率加100%；

③超级超限货物：按运价率加150%。

对安装超限货物检查架的车辆，不另收运费。

(2)限速运行货物运费

需要限速运行(不包括仅通过桥梁、隧道、出入站线限速运行)的货物，按运价率加150%计费。

需要限速运行的超限货物，只核收150%的加成运费，不另核收超限货物加成运费。

[例5]柳州南站发贵阳南站汽轮机一台，重40 t，为超级超限，使用一辆60 t平车装运，请计算运费。

解：查《里程表》，运价里程为603 km，汽轮机运价号为6号运价，基价1为26.0元/t，基价2为0.138元/吨公里，计费重量60 t，因其为超级超限所以运价率加成150%计算。

运费为：(26.0＋0.138×603)×(1＋150%)×60＝16 382.1(元)。

4. 使用游车的货物

超长货物使用游车时，游车运费按主车货物的运价率和游车标重计费。运输超限货物或需要限速运行的货物使用游车时,游车运费不加成。

利用游车装运货物,所装货物运价率高于主车货物运价率时,按所装货物的运价率核收游车运费。

两批货物共同使用游车时,游车运费各按主车货物的运价率及游车标重的1/2计费。

自轮运转的轨道机械,以自备货车或租用铁路货车作游车时,按整车1号运价率核收游车运费;以铁路货车作游车时,按整车6号运价率和游车标重核收游车运费。

[例6]衡阳站发孟庙站桥梁架一件,长16.3 m,重39 t,使用一辆60 t平车一端突出装运,另用一辆60 t平车做游车,请计算这批货物运费。

解:查《里程表》,运价里程为955 km,查桥梁架运价号为5号,主车计费重量60 t,游车因未装货物,所以按主车桥梁架的运价号5号,计费重量为游车标重60 t。5号运价率:基价1为18.6元/t,基价2为0.103元/吨公里。

运费为:主车运费+游车运费=(18.6+0.103×955)×60+(18.6+0.103×955)×60=14 035.8(元)。

[例7]重庆南站发十堰站水泥桥墩一批,重51 t使用一辆60 t平车一端突出装运,另使用一辆60 t平车做游车,托运人利用游车装载机器一台,请计算运费。

解:查《里程表》,运价里程为767 km。主车计费重量为60 t水泥桥墩运价号为5号;游车计费重量为60 t,运价号取高者,水泥桥墩运价号为5号,机器运价号为6号,因而游车运价号为6号。

运费为：主车运费＋游车运费＝(18.6＋0.103×767)×60＋(26.0＋0.138×767)×60＝13 766.9(元)。

[例 8]保定站发衡阳站一批水泥电杆(超长货物)，重42 t，以一辆 60 t 平车装载，与另一批货物共同使用一辆60 t 平车做游车，请计算运费。

解：查《里程表》，运价里程为 1 648 km。主车计费重量为 60 t，运价号为 5 号；游车，因共用游车，所以计费重量为游车标重的 1/2(即 30 t)，运价号为该主车货物水泥电杆的运价号即 5 号。

运费为：主车运费＋游车运费＝(18.6＋0.103×1 648)×60＋(18.6＋0.103×1 648)×30＝16 950.9(元)。

5. 危险货物

根据危险货物的性质、等级按下列规定计费：

(1)一级毒性物质(剧毒品)按运价率加 100％。

(2)爆炸品、易燃气体、非易燃无毒气体、毒性气体，一级易燃液体(代码表 02 石油类除外)、一级易燃固体、一级自燃物质、一级遇水易燃物质、一级氧化性物质、有机过氧化物、二级毒性物质(有毒品)、感染性物质、放射性物质按运价率加 50％。

6. 其他整车货物

(1)D 型长大货物车运输货物需用隔离车时，隔离车不另核收运费。隔离车加装货物时，按所加装货物适用的运价率核收运费。

(2)专供押运人乘坐的空车，按整车 1 号运价率加成100％计费。

(3)站界内搬运的货物,按实际运输里程(不足 1 km 的尾数进整为 1 km)和该货物适用的运价率计算运费(免收建设基金),不另收取送车费。

需向非货运营业线运输路料时,按接轨的货运营业站至接轨地点的实际里程(不足 1 km 的尾数进整为 1 km)计算运费。

(4)区间装卸货物,不论托运人、收货人要求在途中装卸地点的前方或后方货运站办理托运或领取手续,途中装车按后方车站计算运价里程;途中卸车按前方车站计算运价里程,不另核收取送车费。

(5)整车分卸的货物,按照发站至最终到站的运价里程计算全车运费和押运人乘车费。

7. 自备、租用车

(1)自备机车或租用铁路机车牵引托运人自备货车(或租用铁路货车)(不论空重),均按照全部列车(含机车)的轴数与整车 1 号运价率计费。

(2)铁路机车牵引自备货车(或租用铁路货车)装运的货物运输,或自备机车牵引铁路货车装运货物运输,均按所装货物运价率减成 20%计费。

(3)托运人自备货车(或租用的铁路货车)空车挂运时,按 1 号运价率计费。

(4)承运人利用自备车(或租用的铁路货车)回空捎运货物,按所装货物适用的运价率计费,在货物运单铁路记载事项栏内注明,免收回空运费。

(5)自备(或租用)铁路的客车、餐车、行李车、邮政车、专用工作车挂运于货物列车时，空车按整车 1 号运价率加成 100%计费；装运货物时按其适用的整车运价率加 100%和车辆标重计费。但换长 1.5 以下的专用工作车不装货物时不加成。

二、集装箱货物运费

集装箱货物运费（20 英尺 35 t 敞顶箱除外）以箱为单位计费，根据使用箱型所适用运价率及其发到站间运价里程，按下列公式计算：

集装箱运费＝基价 1＋基价 2×运价里程。

1. 通用集装箱

按照使用的箱数和“铁路货物运价率表”中规定的集装箱运价率计算。

20 英尺 35 t 通用集装箱按运价率加成 20%。

45 英尺通用集装箱按运价率加成 10%。

2. 非通用集装箱

运价率按“铁路货物运价率表”中对应箱型（45 英尺、50 英尺按 40 英尺统计）规定的集装箱运价率加成进行计算，主要箱型加成比例见表 2-2。

表 2-2 铁路货运主要集装箱箱型运价率

20 英尺箱		40 英尺箱	
箱型	加成比例	箱型	加成比例
35 t 通用集装箱	20%	45 英尺通用集装箱	10%
35 t 干散货箱	20%	罐式集装箱	30%

续上表

20英尺箱		40英尺箱	
箱型	加成比例	箱型	加成比例
标重大于30.48 t但不超过35 t的非标集装箱	20%	40英尺冷藏集装箱(使用BX型车供电运输)	40%
罐式集装箱	5%	45英尺冷藏集装箱(使用BX型车供电运输)	50%
25英尺汽车板架箱	20%	40英尺冷藏集装箱(使用普通货车运输)	0%
35 t台架式卷钢箱	20%	45英尺冷藏集装箱(使用普通货车运输)	10%
20英尺冷藏集装箱(使用BX型车供电运输)	30%		
20英尺冷藏集装箱(使用普通货车运输)	0%		

3. 20英尺35 t敞顶箱

运费比照整车计费，适用所装货物的整车运价号、运价率及运价里程。装运焦炭(03)、钢铁(0520、0530、0571、0573、0574)、木材(10)时，按实重计费；装运其他货物时，按32 t计算运费。

[**例9**]邢台站发德州站铁矿粉一批28 t，托运人要求使用35 t敞顶箱装运。请计算运费。

解：邢台站到德州站运价里程320 km，铁矿粉运价号为4号，基价1为16.3元/t，基价2为0.098元/吨公里，计费重量32 t。

运费为：(16.3+0.098×320)×32=1 525.1(元)。

4. 危险货物集装箱

集装箱装运危险货物按“铁路货物运价率表”中规定的运价率和下列加成计算：

(1)一级毒性物质(剧毒品)加成100%。

(2)爆炸品、易燃气体、非易燃无毒气体、毒性气体、一级易燃液体(代码表02石油类除外)、一级易燃固体、一级自燃物质、一级遇水易燃物质、一级氧化性物质、有机过氧化物、二级毒性物质(有毒品)、感染性物质、放射性物质加成50%。

三、零担货物运费

1. 零担货物按货物重量或货物体积折合重量择大计费，每立方米重量不足500 kg的轻浮货物，按每1 m^3 体积折合重量500 kg计算。

2. 运价率不同的货物在一个包装内或按总重量托运时，按该批或该项货物中高的运价率计费。

在货物运单内分项填记重量的货物，应分项计费。

四、零散货物运费

1. 零散快运货物

(1)零散快运适用于每一批托运重量不足40 t且体积不足80 m^3 的货物。煤(01)、石油(02)、焦炭(03)、金属矿石(04)、钢铁(05)、非金属矿石(06)、磷矿石(07)等七个大宗货物品类，以及棚车以外车辆装运的货物不得按零散快运办理。

(2)零散货物快运按照客户的选择分为站到站、门到站、站到门、门到门四种服务方式,由发站按照不同的服务方式分别报价。

(3)零散货物快运不受货物最小重量、最小体积限制,每批货物起码计费重量为 50 kg,超过 50 kg 以 10 kg 为单位。

(4)零散货物快运作业站根据货物计费重量和报价计算每批货物费用,对外一口报价,一次核收,以元为单位,尾数四舍五入。站到站的起码运费每批 20 元。

(5)一批货物涉及两个及以上货物品名时,按一批分别加总货物的实际重量和体积,按加总后的货物重量或体积折合重量择大确定该批货物的计费重量。

2. 批量零散快运货物

(1)批量零散快运适用于每一批托运重量 40 t 及以上或体积 80 m^3 及以上的货物。对批量品类货物且单批重量不足 40 t 且体积不足 80 m^3 时,亦可比照批量零散快运办理,最低按 40 t 或 80 m^3 计费。

(2)批量零散快运货物运价率以整车 4 号运价为基准指导价。批量零散货物快运运费中包含的铁路建设基金、合资、地方铁路运费。

(3)批量零散快运货物计费时,按批对货物的实际重量和体积分别加总,按加总后的货物重量或体积折合重量择大确定该批货物的计费重量。货物实际重量为包括货物包装物重量在内的总重量。

对重质货物,每批最低按 40 t 计费;对轻泡货物,每批最低按 27 t 计费。重质货物按每立方米大于或等于 333 kg、轻泡货物按每 m^3 小于 333 kg 确定。广州局集团公司轻泡货物体积折算重量标准暂按每立方米折合 250 kg。

快速货物班列装运批量零散货物混装时，混装的货物应符合批量零散货物品类要求，使用“混装货物(P)”品名，品名代码 9980003。混装货物的计费重量按各组成货物品类的实际重量或体积折合重量加总计算。

[**例 10**]大朗站发贵阳南站方便面一批 20 t，货物体积 112 m^3，按批量快运组织，请确定计费重量。

解：判断货物属于重质货物或轻泡货物：$20\,000 \div 112 = 179(kg/m^3) < 333(kg/m^3)$，为轻泡货物。

体积折算重量：$112 \times 250 = 28\,000(kg)$。

货物实重 20 t，该货物属轻泡货物，按体积折算重量为 28 t。

大于轻泡货物最低计费重量 27 t，计费重量应确定为 28 t。

五、电气化附加费

整车、零担货物铁路电气化附加费按该批货物经由国铁正式营业线和实行统一运价的运营临管线电气化区段的运价里程合并计算。铁路电气化附加费由发站一次核收并入国铁统一运价，不再单独收取。

(1)国际联运国内段铁路电气化附加费，出口货物由发站核收，进口货物由国境站核收。军事运输也按规定的费率核收铁路电气化附加费。

(2)铁路电气化附加费的计费重量按该批运费的计费重量计算。货物运单内分项填记重量的货物,按运费计费重量合并计算。

(3)铁路电气化附加费的尾数不足1角按四舍五入处理。

(4)免收运费的货物、站界内搬运的货物免收铁路电气化附加费。集装箱运输的货物免收电气化附加费。

(5)货物承运后发生运输变更时,按《价规》处理运费的方法处理。

(6)电气化附加费计算公式为:

电气化附加费=费率×计费重量(轴数)×电化里程。

电气化附加费费率具体见附录5。

第三节　杂　　费

货运杂费按收费项目的性质归纳为货运营运杂费、延期使用运输设备、违约及委托服务费用、租、占用运输设备费用三大类。

一、货运营运杂费

1. 取送车费

(1)核收条件

使用铁路机车往专用线、货物支线(包括站外出岔)

或专用铁路的站外交接地点调送车辆，核收取送车费。

向专用线取送车，由于货物性质特殊或设备条件等原因，按规定加挂隔离车时，隔离车按规定使用的车数核收取送车费。

应托运人要求已将空车送至装车地点，该托运人又不需要时，取送车费照收。

调入重车卸后在原地装车，到达重车的收货人和出发重车的托运人相同时，不另收取送车费。以下情况除外：

①调入重车卸后虽在原地装车，但托运人不是到达重车的原收货人；

②重车卸后虽仍由原收货人利用装车，但需经铁路机车调移作业地点。

(2)费率

取送车费费率见表 2-3。

表 2-3　铁路货运取送车费费率

项目		单位	费率
整车取送车费		元/车公里	8.10
集装箱取送车费	20 英尺箱	元/箱公里	4.05
	40 英尺箱	元/箱公里	8.10

(3)计算方法

取送车费＝费率×计费里程×车数(箱数)。

计算取送车费的里程，应自车站中心线起算，到交接地点或专用线最长线路终端止，里程按往返合计(不足 1 km 的尾数进整为 1 km)，取车不另收费。

[**例 11**]某站专用线长度 1 435 m，请计算送入该专用线棚车 2 辆，需核收的取送车费。

解：1 435 × 2 = 2 870(m)，则计算取送车费的里程为3 km。

取送车费为：8.10×3×2=48.6(元)。

2. 机车作业费

(1)核收条件

托运人或收货人使用铁路机车进行取送车辆以外的其他作业时，核收机车作业费。

(2)费率

机车作业费费率见表 2-4。

表 2-4　铁路货运机车作业费费率

项目	单位	费率
机车作业费	元/半小时	90

3. 押运人乘车费

(1)核收条件

派有押运人押运的货物，核收押运人乘车费。军运另执行有关规定。

(2)费率

押运人乘车费费率见表 2-5。

表 2-5　铁路货运押运人乘车费费率

项目	单位	费率
押运人乘车费	元/人百公里	3.00

(3)计算方法

押运人乘车费＝费率×计费里程×押运人人数。

押运人乘车费计费里程由发站按国铁的运价里程(含办理直通的铁路局临管线和工程临管线)计算，通过合资、地方铁路的将其通过的合资、地方铁路运价里程合并计入；在合资、地方铁路到发的，由发站统一计算，分段核收。

[例 12]A 站发 E 站一车货物，2 人随车押运，如下图所示，其中 B—C、D—E 分别为合资地方铁路。请计算押运人乘车费。

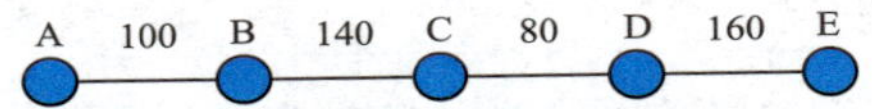

解：押运人乘车费分两段计算：

押运人乘车费 1：3.00×[(100＋140＋80)/100]×2＝3.00×4×2＝24(元)。

押运人乘车费 2：3.00×(160/100)×2＝3.00×2×2＝12(元)。

4. 集装箱使用费

(1)核收条件

使用铁路集装箱装运货物，向托运人核收集装箱使用费。

(2)费率

集装箱使用费费率见表 2-6。

表 2-6 铁路货运集装箱使用费费率

项目			单位	费率
集装箱使用费	20 英尺箱	250 km 以内	元/箱	35.00
		251 km 以上每增加 100 km 加收	元/箱	6.00
	40 英尺箱	250 km 以内	元/箱	70.00
		251 km 以上每增加 100 km 加收	元/箱	12.00

(3)计算方法

集装箱使用费按发站至到站的运价里程(含与国铁办理直通运输的合资、地方铁路的运价里程)计算核收。

使用铁路通用集装箱装运危险货物时,集装箱使用费加 20%核收。

使用罐式箱使用费按通用集装箱标准加成 200%。

铁路冷藏集装箱、40 英尺隔热集装箱使用费按通用集装箱标准加成 300%。

[例 13]A 站至 B 站计费里程 1 148 km,使用 2 个 20 英尺铁路箱装运瓷砖,请计算该集装箱使用费。

解:集装箱使用费 250 km 以内每箱 35 元,251 km 以上每增加 100 km 加收 6 元。即 1 148－250＝898,共 9 个 100 km。

集装箱使用费为:(35.00＋9×6.00)×2＝178(元)。

5. 接取送达费

(1)核收条件

对货物从托运人约定交货地点至铁路车站公共装卸场所或货物从铁路车站公共装卸场所至收货人约定接货

地点的短途运输,核收接取送达费。

(2)费率

接取送达费费率见表 2-7。

表 2-7 铁路货运接取送达费费率

项目			单位	费率
接取送达费	整车	起码里程 10 km 内	元/t	13.00
		超过起码里程	元/吨公里	0.60
	零担	起码里程 10 km 内	元/100 kg	1.30
		超过起码里程	元/100 千克公里	0.06
	20 英尺箱	起码里程 10 km 内	元/箱	300.00
		超过起码里程	元/箱公里	20.00
	40 英尺箱	起码里程 10 km 内	元/箱	450.00
		超过起码里程	元/箱公里	30.00

(3)计算方法

每单位重量货物接取送达费=每单位重量货物起码里程费率+(计费里程−起码里程)×超过起码里程后每公里费率。

计费里程:起码里程 10 km,之后里程按 0、5 取整,1、2 去,8、9 进,3、7、4、6 作 5。

货物快运接取送达费计费重量按发送铁路局集团公司确定的计费重量计算。

货物快运两端接取送达里程分别计算,按发生作业的铁路局集团公司确定的标准分别计费。当实际发生的距离与托运人提出的相差 5 km 以内时,原则不再补收。

到站短驳里程超过 50 km 或污秽、易碎、贵重、易腐货物的到站接取送达费，发站须与到站协商确定价格。

[例 14]某站为托运人送达一整车货物 60 t，送达里程为 38 km，请计算应核收的接取送达费。

解：送达里程为 38 km 则计费里程为 40 km。

接取送达费为：[13.00＋(40－10)×0.60]×60＝1 860(元)。

6. 货物装卸费

(1)核收条件

由承运人负责货物装卸作业的，按规定核收货物装卸费。

(2)计算方法

整车、零担、集装箱货物装卸作业费、上门装卸作业费以及准、米轨间整车货物直通运输换装费，按《铁路货物装卸作业计费办法》及相关规定计费。

整车、零担货物计算装卸费的计费重量，按货物运单计算运价的计费重量确定。但整车货物的货物重量不足货车标重的 60％时，按货车标重的 60％计费。

上门装卸货物的装卸费按货物重量计费。

7. 货物保价费

(1)核收条件

托运人托运行包、货物选择保价运输时，按照托运人的声明价格办理保价运输手续并核收货物保价费。

(2)计算方法

行包、货物的保价费按保价金额乘以《铁路保价运输规则》规定的所适用的保价费率计算。

行包、货物的保价费应与运费同时核收。保价费尾数不足 1 元时，按四舍五入处理至元，每批起码额为 1 元。

8. 装载加固材料使用服务费

(1)核收条件

因装车、换装等原因，按规定需要对货物加固、包装、防冻、防护等处理时使用的材料，核收装载加固材料使用服务费。

(2)计算方法

装载加固材料使用服务费按所用材料成本加 15%计算，具体加成幅度由铁路局集团公司在不超过 15%的幅度内自主确定。

9. 换装费

(1)核收条件

准、米轨间整车货物直通运输换装时或进口货物在国境站换装时应核收换装费。

(2)计算方法

准、米轨间整车货物直通运输换装费，按《铁路货物装卸作业计费办法》及相关规定计费。

进口货物在国境站的换装费，整车普通货物每吨 16 元，其中炭黑、沥青、焦油及按危险货物运送条件运送的货物每吨 32 元。

普零货物每 10 kg 0.16 元，危零货物每 10 kg 0.32 元。集装箱按国内标准规定计算。

笨重货物的换装费率，整车货物每件重量 501～

1 000 kg每吨 18 元,1 001～3 000 kg 每吨 22 元,3 001～5 000 kg每吨 28 元,5 001～8 000 kg 每吨 35 元,8 001～15 000 kg每吨 42 元,15 001～20 000 kg 每吨 52 元,20 001～80 000 kg 每吨 68 元,超过 80 t 每吨 80 元;笨重零担货物按上述标准计算;笨重危险货物按上述标准加 50%计算。

发送路用专用货车装运的小轿车,换装费按每吨 24 元计算。

液体货物的换装费率,原油每吨(按货物重量,以下同)22 元,每年 11 月 1 日至次年 3 月 31 日的冬季换装作业需加温时,每吨加收 8 元。剧毒品每吨 100 元,有毒品每吨 60 元,其他液体货物每吨 50 元。

10. 声明价格费

进、出口货物声明价格费,按货物运单记载的声明价格的 3‰计算。

11. 换轮作业费

(1)核收条件

进、出口货物在国境站换轮运输时,应按规定核收换轮作业费。

(2)费率

换轮作业费费率见表 2-8。

表 2-8 换轮作业费费率

项目	单位	费率
换轮作业费	元/轴	319

(3)计算方法

换轮作业费=换轮数×费率。

二、延期使用运输设备、违约及委托服务费用

1. 仓储费

(1)核收条件

货物承运后和交付前在车站仓储时或货物承运前和交付后仍在车站仓储,或货物仅在车站仓储时,按规定核收仓储费。

(2)费率

仓储费费率见表 2-9。

表 2-9　铁路货运仓储费费率

<table>
<tr><th colspan="3">项目</th><th>单位</th><th>费率</th></tr>
<tr><td rowspan="7">仓储费</td><td rowspan="4">承运后交付前</td><td>整车货物</td><td>元/车日</td><td>150.00</td></tr>
<tr><td>零担货物</td><td>元/批百千克日</td><td>1.50</td></tr>
<tr><td>20 英尺箱</td><td>元/箱日</td><td>75.00</td></tr>
<tr><td>40 英尺箱</td><td>元/箱日</td><td>150.00</td></tr>
<tr><td rowspan="3">仓储服务时</td><td>20 英尺箱</td><td>元/箱日</td><td>75.00</td></tr>
<tr><td>40 英尺箱</td><td>元/箱日</td><td>150.00</td></tr>
<tr><td>其他货物</td><td>元/吨日</td><td>2.50</td></tr>
</table>

(3)计算方法

货物承运后和交付前在车站仓储时,在应收费时间段的前三日,按规定费率的 50%计费。自第四日起,铁路运输企业可根据各地的不同情况适当浮动,上浮幅度最大不得超过规定费率的 100%,下浮不限。

承运前货物搬入仓库、雨棚等车站指定的地点仓储时，按货物重量计费。

铁路车站为冷藏集装箱提供专用场地及供电服务时，核收仓储费，按普通集装箱仓储费标准加成100%。

危险货物和易燃货物的仓储费率按普通货物费率加100%计算。

[例 15]某站货场2019年5月3日到达20英尺通用集装箱铝锭10箱，其中铁路集装箱5箱，自备集装箱5箱，5月4日卸车并发出领货通知，5月11日收货人领取集装箱出站，请计算应核收的仓储费。

解：应从5月7日起核收5天的仓储费。

仓储费为：75.00×50%×3×10＋75.00×2×10＝2 625(元)。

2. 货车延期占用费

(1)核收条件

在专用线(含铁路的段管线、厂管线)、专用铁路内装卸及其他按规定由托运人、收货人自行装卸的铁路货车(D型长大货物车除外)，占用铁路货车超过规定占用时间标准的，核收货车延期占用费。

由托运人、收货人自行装卸的D型长大货物车，自调到装卸地点(或交接地点)之日起的第四日起，到装卸完了(或交接地点交接完毕)之日止，按日(不足一日按一日)核收货车延期占用费。

(2)费率

货车延期占用费费率见表2-10。

表 2-10　货车延期占用费费率　　单位:元/车小时

计费时间	1～10 h	11～20 h	21～30 h	30 h 以上
机冷车	10	20	30	40
罐车	6.5	13	19.5	26
其他货车	5.7	11.4	17.1	22.8

注:BH1 型铁路隔热保温车货车延期占用费按机械冷藏车标准执行。

(3)计算方法

确定计费时间,根据不同计费时间段分别计算铁路货车延期占用费。

铁路货车延期占用费=计费时间×对应费率×车数。

①专用线、专用铁路货车最低免费时间标准为:装车时间 4.5 h,卸车时间 4.0 h。货车延期占用费计费时间不足 1 h 的部分,不足半小时不计算,达到或超过半小时按 1 h 计算。

易腐货物作业车停站时间原则上不得超过该站的货车停留时间。单节机械冷藏车每辆装(卸)车作业时间(不包括洗车和预冷时间,下同)不得超过 3 h。货物车为 4 辆的机械冷藏车组,每组装(卸)车作业时间不得超过 6 h,每车的装(卸)车作业时间不得超过 3 h。

②超出规定占有时间计算。

a. 专用线及其他根据规定由托运人、收货人自行组织装卸货车时,货车延期占用费计费时间,等于自铁路将货车送到规定的装卸车地点交给企业时起,至企业通知该批货车装卸完交给铁路时止的时间,减去该批货车占用时间标准。

b. 专用铁路货车延期占用计费时间，等于自铁路将货车送到约定的交接地点交给企业时起，至企业将货车送回约定的交接地点交给铁路时止的时间，减去该专用铁路货车占用时间标准。

c. 如铁路送到专用线、专用铁路的货车数量，超过企业一批作业能力（专用线、专用铁路一批作业能力由车站和企业共同查定），则超过的车数按另一批统计占用时间。如一批货车中占用时间标准不同，则按其中最长占用时间标准计算。

d. 在专用线、专用铁路内进行两次作业的货车，其占用时间标准应相应增加，但不得超过两次作业占用时间标准之和。

［例 16］某站 2019 年 5 月 20 日当天铁路机车早上 4 时 30 分送重棚车 4 辆进行作业，5 时送至专用线卸车地点并交接完毕，下午 17 时 40 分该专用线所有车辆装卸作业完毕并通知车站。该专用线一次作业能力 5 车。请计算应核收的专用线延期占用费。

解：实际作业时间为 13 h，专用线延期占用费为(13－4)×4×5.70＝9×4×5.70＝205.2（元）

3. 货车篷布延期使用费

（1）核收条件

①到达专用铁路、铁路专用线的铁路篷布，自货车调到交接地点次日起，2 日内由收货人将铁路篷布送到车站指定地点。收货人未按规定日期将铁路篷布送回的，按

规定核收货车篷布延期使用费。

②铁路篷布损坏、丢失时，因托运人或收货人责任损坏、丢失的，自指定送回车站之日起，至赔偿当日止，同时核收篷布延期使用费。

③铁路篷布不得外借或挪作他用。发现时须进行纠正，并按规定核收篷布延期使用费。

(2)费率

货车篷布延期使用费费率见表 2-11。

表 2-11　货车篷布延期使用费费率

项目	单位	费率
货车篷布延期使用费	元/张日	60.00

(3)计算方法

货车篷布延期使用费＝费率×货车篷布延期使用天数×张数。

[例 17]甲站专用线 8 月 6 日到达篷布两张，于 8 月 12 日才送回车站，请计算应核收的货车篷布延期使用费。

解：该篷布应从 9 日起核收货车篷布延期使用费，共 4 日。

货车篷布延期使用费为：60.00×4×2＝480(元)。

4. 集装箱延期使用费

(1)核收条件

①托运人或收货人使用铁路箱超过下列期限，自超过之日起核收集装箱延期使用费：

a. 站内装箱的，应于约定进货日期当日装完。站内掏箱的,应于领取的当日内掏完。

b. 到达的集装箱,应于承运人发出领货通知的次日起算,2 日内领取集装箱。

c. 集装箱出站的,重去空回或空去重回时,应于领取的次日送回;重去重回时,应于领取的 3 日内送回。铁路局集团公司可延长本款规定的集装箱出站免费使用期限,但最长不得超过领取的 7 日内。

d. 集装箱出站的,因托运人原因空去空回时,应于出站之日起核收集装箱延期使用费。

②在车站存放的铁路箱不得挪作他用。如有挪用,对挪用者自挪用之日起核收规定费率 2 倍的集装箱延期使用费。

(2)费率

集装箱延期使用费费率见表 2-12。

表 2-12　集装箱延期使用费费率

项目		单位	费率
集装箱延期使用费	20 英尺箱/40 英尺箱(5 日内)	元/箱日	10.00/20.00
	20 英尺箱/40 英尺箱(6 日起)	元/箱日	60.00/120.00

(3)计算方法

集装箱延期使用费=费率×集装箱延期使用天数×箱数。

冷藏集装箱、40 英尺隔热集装箱延期使用费按通用集装箱标准加成 300%。

[例 18]某站货场 2019 年 4 月 3 日到达 20 英尺通用

集装箱铝锭 20 箱，4 月 4 日卸车并发出领货通知，4 月 10 日收货人领取集装箱出站，4 月 13 日将铁路空箱送回，请计算应核收的集装箱延期使用费。

解：应核收 6 天集装箱延期使用费。

集装箱延期使用费为：10.00×5×20＋60.00×1 ×20＝2 200(元)。

5. 违约金

(1)承运后发现托运人匿报、错报货物品名填写运单，致使货物运费减收或危险货物匿报、错报货物品名按一般货物运输时，按批核收全程正当运费二倍的违约金，不另补收运杂费差额。

(2)到站发现货物的实际重量超过发站确定的计费重量时，对超过部分应按该批货物适用的运价率补收全程正当运杂费。

(3)集装箱货物超过集装箱标记总重时，每 100 kg 按对应箱型运价率的 5%核收违约金。

6. 运杂费迟交金

应收该项运杂费之次日起至付款日止，每迟延一日，按运杂费(包括垫付款)迟交总额的 1‰核收。

[例 19]某站货场 2019 年 10 月 9 日到达 2 车粮食，当日发出领货通知，10 月 15 日收货人来办理交付，共需支付装卸费 1 870.00 元，请计算车站应核收多少运杂费迟交金。

解：应核收 10 月 11 日至 10 月 15 日共 5 天的运杂费迟交金。

运杂费迟交金为：1 870.00×5×1‰＝9.4(元)。

7. 赔偿费

(1)核收条件

铁路集装箱、篷布、绳索和车辆配件等设备损坏、丢失时,按规定向责任者核收赔偿费。

(2)计算方法

车辆配件赔偿费:按照铁路运输企业内部零部件价格和车辆维修费用标准执行。

篷布赔偿费:按当年篷布购置价格赔偿。

集装箱赔偿费:丢失或因损坏报废时,按市场重置价格赔偿。损坏时,按实际发生费用(包括修理费、修理回送费、延期使用费及吊装搬运费等)赔偿。

8. 货车滞留费

(1)核收条件

进、出口货物由于托运人、收货人原因,造成货车在国境站上滞留时,核收货车滞留费。

(2)费率

货车滞留费费率见表 2-13。

表 2-13　货车滞留费费率

计费时间	单位	1～5 日	6～10 日	11 日及以上
费率	元/车日	120	240	480

(3)计算方法

进、出口货物由于托运人、收货人原因,造成货车在国境站上滞留时,应按货车滞留日数(不包括铁路正常办理手续的时间),从货车到达次日起,核收货车滞留费(滞留不足 12 h 的免收)。危险货物货车滞留费在上述标准基础上加成 10%。

铁路运输企业可上浮 200%,下浮不限。

三、租、占用运输设备费用

1. 合资、地方铁路及在建线货车占用费

(1)核收条件

国铁货车进入铁路工程在建线、临管线或合资、地方铁路时,分别向其管理单位核收合资、地方铁路及在建线货车占用费。

(2)费率

合资、地方铁路及在建线货车占用费费率见表 2-14。

表 2-14　合资、地方铁路及在建线货车占用费费率

项目		单位	费率
合资、地方铁路及在建线货车占用费	冷藏车	元/车小时	6.50
	其他货车	元/车小时	5.70
	D 型长大车	元/车小时	10.00

注:BH1 型铁路隔热保温车合资地方铁路及在建线货车占用费按机械冷藏车标准执行。

2. 合资、地方铁路货车篷布占用费

(1)核收条件

国铁的货车篷布进入未与国铁办理直通运输的合资、地方铁路时,向合资、地方铁路核收合资、地方铁路货车篷布占用费。

(2)费率

合资、地方铁路货车篷布占用费费率见表 2-15。

表 2-15　合资、地方铁路货车篷布占用费费率

项目		单位	费率
合资、地方铁路货车篷布占用费	D 型篷布	元/张日	60.00
	其他篷布	元/张日	30.00

(3)计算方法

货车篷布占用费=费率×张数×占用时间。

3. 自备车或租用铁路货车停放费

(1)核收条件

自备车或租用铁路货车由于托运人或收货人的原因在铁路站线或未出租的路产专用线存放，核收自备或租用货车停放费。

(2)费率

自备车或租用铁路货车停放费费率见表 2-16。

表 2-16　自备车或租用铁路货车停放费费率

项目	单位	费率
自备车或租用铁路货车停放费	元/车日	40.00

(3)计算方法

从货车到达的次日起，到调离存放地点之日止，按日(存放时间不足 12 h 的免收)核收自备或租用货车停放费。

4. 车辆使用服务费

(1)核收条件

①有偿使用铁路货车，向使用人核收车辆使用服务费。

②铁路施工单位经国铁集团批准用于线路施工用途的路用车，改变施工用途或超出规定使用范围装用货物时，按“在专用线、专用铁路上”的货车使用服务费率，自车辆移交之日起核收车辆使用服务费。

(2)费率

车辆使用服务费费率见表2-17。

表2-17　车辆使用服务费费率

项目			单位	费率
车辆使用服务费	在营业线上	罐车，散装水泥、粮食专用车	元/吨日	3.60
		其他货车(机冷车、D型长大货物车除外)	元/吨日	3.00
	在专用线、专用铁路上	罐车，散装水泥、粮食专用车	元/吨日	7.20
		其他货车(机冷车、D型长大货物车除外)	元/吨日	6.00
	机械冷藏车	单节型	元/车日	160.00
		5辆型	元/车组日	660.00
	长大货物车	超过180 t	元/吨日	8.60
		标重不足180 t	元/吨日	5.00

(3)计算方法

车辆使用服务费按车辆标重(机械冷藏车按车组)计算。

5. 路产专用线使用服务费

(1)核收条件

出租路产专用线时，应自接轨道岔尖端起，按线路总长度向租用人核收路产专用线使用服务费。

(2)费率

路产专用线使用服务费费率见表 2-18。

表 2-18　路产专用线使用服务费费率

项目	单位	费率
路产专用线使用服务费	元/延米年	200.00

(3)计算方法

路产专用线使用费按月计算，不足一月按一月计算。铁路运输企业最高可上浮 100%，下浮不限。

6. 机车使用服务费

(1)核收条件

出租铁路机车，向使用人核收机车使用服务费。

(2)费率

机车使用服务费费率见表 2-19。

表 2-19　机车使用服务费费率

项目	单位	费率
机车使用服务费	元/台日	3050.00

(3)计算方法

机车使用服务费不分机型按单台机车计算，双节机型加倍。机车使用服务费包含折旧费、大中小检修费用、油脂费以及间管费。

铁路运输企业可根据实际有偿使用的机车情况在费

率标准的 20%范围内上下浮动。

7. 货运场地使用服务费

(1)核收条件

出租铁路货场仓库、站台、场地，向使用人核收货运场地使用服务费。

(2)费率

货运场地使用服务费费率见表 2-20。

表 2-20　货运场地使用服务费费率

类型	单位	费率
仓库	元/平方米月	6
带雨棚站台	元/平方米月	4
露天站台	元/平方米月	3
露天场地(货位)	元/平方米月	2

(3)计算方法

货运场地使用服务费均按月计算，不足一月按一月计算。

铁路运输企业可根据车站位置、地段和市场情况，比照当地实际水平，在 200%幅度内上浮、在 50%幅度内下浮。

第四节　特殊货车及运送用具回送时运杂费核收

特殊货车及运送用具回送时，运杂费按以下规定核收。

一、凭“特殊货车及运送用具回送清单”免费回送的货物

1. 铁路产权集装化用具回送

产权属于铁路部门的集装化用具，车站可凭铁路局集团公司货运主管部门的批准文件，填记“特殊货车及运送用具回送清单”免费回送。

2. 运送下列铁路所属的货车或用具（产权属国铁集团），车站填记“特殊货车及运送用具回送清单”免费回送。

（1）按规定免费挂运的非运用车；

（2）卸（送）空罐车（润滑油专用空罐车除外）、散装粮食车（L17 型）、散装水泥车（K15 型、U60 型）、长大货物车（D 型）、运梁专用车（N15 型）、加冰冷藏车（B 型）、毒品专用车（W 型）、集装箱专用车（X 型）；

（3）向指定站回送需要洗刷除污的货车；

（4）铁路空集装箱；

（5）运营用衡器；

（6）按规定以调度命令免费运送的装卸机械和工具；

（7）军用移动设备（军用备品）、军用移动站台和装卸备品、军用捆绑加固材料（装置）；

（8）货车篷布及根据调度命令调拨、送修及修好返回的防湿篷布；

（9）国铁集团规定免费回送的其他物品。

二、免费运送下列货物时，需填制货物运单

1. 托运人自备的货车装备物品、支柱等加固材料和运输长大货物用的货物转向架、活动式滑枕或滑台、货物支架、座架及车钩缓冲停止器，凭收货人提出的特价运输证明书回送时，不核收运费。

2. 铁路产权润滑油专用空罐车应由收货人提报运输需求，填制货物运单免费回送。

3. 批量货物快运使用托运人自备托盘在铁路局集团公司管内运输，托盘不计重收费，通过铁路回送至发站时使用特价运输证明书，免收铁路运费、装卸费。

4. 20 英尺 35 t 自备敞顶箱以空箱在到站回空且回空距离不超过重箱运距时，暂免回空运费。

5. 成都局、海南省各货运站回送托运人自备的托盘、集装网(软托盘)、集装袋、集装笼时，凭特价运输证明书办理，免收铁路运费和装卸费。

三、其他货物

1. 托运人自备的可折叠(拆解)的专用集装箱、集装笼、托盘、网络、货车篷布，装运卷钢、带钢、钢丝绳的座架、玻璃集装架和爆炸品保险箱及货车围挡用具，凭收货人提出的特价运输证明书回送时，整车按 2 号、零担按 22 号运价率计费。

2. 自备集装箱回空运输

(1)承运人利用自备集装箱回空捎运货物，按对应箱

型的运价率计费，在货物运单铁路记载事项栏内注明，免收回空运费。

（2）自备集装箱空箱运输按“铁路货物运价率表”规定重箱运价率的 40％计算。空重联运、重空联运时，空箱运价率按重箱运价率的 10％计算，建设基金同比例核收。

（3）20 英尺 35 t 敞顶箱自备空箱运输时，比照 20 英尺自备箱回空计费。35 t 敞顶箱自备箱在到站回空且回空距离不超过重箱运距时，暂免回空运费。

［**例 20**］某货主 3 月 31 日将 2 个 20 英尺空自备集装箱汽运至 A 站，4 月 1 日启运并提出“空重联运”需求经铁路发至 B 站，A 站至 B 站运费、基金里程 200 km，电气化里程 5 km，请计算 2 个自备集装箱在产生的运费。

解：

运费为：(440＋3.185×200)×2×10％＝215.4(元)。

铁路建设基金为：0.264×200×2×25％＝26.4(元)。

印花税为：运费×0.000 5＝0.1(元)。

第三章　国际铁路联运进出口货物国内段的运输费用

1. 进口货物国内段运费、国际铁路联运进出口货物在国境站上发生的杂费和国际铁路联运过境货物在国境站的换装费，均在国境站向收货人（托运人）或其在国境站的代理人核收。

2. 出口货物按发站承运当日实行的运价率计算；进口货物按进口国境站在运单上加盖日期戳当日实行的运价率计算。杂费按发生当日实行的费率计算。

3. 进口整车货物，按下列规定计费重量计费：

(1)以一辆车或数辆车接运一批货物以及数辆车套装接运数批货物（包括换装剩余的整车补送货物），按接运车辆标重计费。货物重量超过标重时，按货物重量计费。

(2)以一辆车接运数批货物，每批按 30 t 计费，超过 30 t 按货物重量计费。

(3)原车过轨不换装货物，按车辆标重计费，货物重量超过标重时，按货物重量计费。

(4)汽车按接运车辆标重计费。发送路用双层平车装运的小轿车，换轮直达到站时，每车计费重量为 90 t。

4. 出口整车货物在国境站过秤发现超载(即超过国际联运容许的增载5%)时,对卸下超载部分货物,从发站至国境站止的里程,按整车运价率核收运费、卸费和暂存费,并按《国际铁路货物联运协定》的规定加收上述运费五倍的罚款。

5. 进、出口货物落地时,货物装卸费和暂存费按"杂费"的规定计费。

第四章　铁路非运用车运输费用

1. 铁路机车、客车、货车、轨道机械和大型养路机械，回送转属、定检、厂修、新车(机械)至配属段、事故大破损车(机械)由事故现场向就近站段回送、救援列车跨局执行任务时，凭国铁集团文电或调度命令，发站填写“特殊货车及运送用具回送清单”挂运，不核收运输费用。

事故大破损车、死车装运回送入厂检修，均按规定核收运输费用。

2. 铁路局集团公司运营部门使用的技术鉴定和技术试验用车辆、铁路设施修复或事故救援用车辆、流动修理机械用车辆、轨道机械装备及其附属车辆、站段日常运输作业使用车辆和为管内沿线职工文化生活服务用的车辆，在规定的用途和使用范围内使用时，发站填写“特殊货车及运送用具回送清单”(事故救援用车辆和站段日常运输作业使用车辆除外)挂运，不核收运输费用。上述车辆超过规定使用范围(运输区间、有效时间，下同)时，按规定核收运输费用。

铁路局集团公司其他用途的路用车，包括防洪备料车、焊轨厂的长钢轨运输车、采石场的砂石车装运货物挂运时，按所装货物适用的运价率核收运输费用，发站未核收的由到站补收。空车在铁路运输企业管内回送时，发站填写“特殊货车及运送用具回送清单”挂运，不核收运输费用。

3. 铁路施工单位经国铁集团批准用于线路施工用途的路用车，按“合资、地方铁路及在建线货车占用费”的规定费率由施工所在铁路运输企业向使用单位核收货车占用费。

批准的路用车在规定的国铁线路使用范围内装运货物时，使用国铁机车挂运的，比照自备车核收运输费用；使用自备机车牵引按自轮运转货物计费。

改变施工用途或超出规定使用范围装用货物时，按“在专用线、专用铁路上”的车辆使用服务率，自车辆移交之日起核收车辆使用服务费。

车辆空车挂运时按自轮运转货物计费。

第五章　运价浮动

第一节　竞争性一口价

1. 定义

竞争性一口价是指铁路运输企业对按整车、集装箱运输方式承运和计费的货物，根据承、托运双方协商确定的铁路运输、装卸、接取送达等服务内容，由始发局提出运价浮动项目，调查该项目的公路市场价格，同时在比公路价格低5%的范围内提出铁路运价浮动方案的价格实施方式。

2. 运输类型

竞争性一口价按运输类型分为一口价新管内、一口价新直通运输。一口价新直通运输按车流径路经由铁路局集团公司数量分为邻局和跨局运输。

(1)一口价新管内运输：发、到站均属同一铁路局集团公司的竞争性一口价运输。

(2)一口价新直通运输：发、到站分属不同的铁路局集团公司的竞争性一口价运输。

①邻局运输：按规定车流径路由发站运至到站，仅经过两个铁路局集团公司的一口价新直通运输。

②跨局运输：按规定车流径路由发站运至到站，经过三个及其以上铁路局集团公司的一口价新直通运输。

3. 实施范围

除国际联运、军事运输，危险货物、超限超重超长货物、石油（不含润滑油脂0260、其他成品油0290）运输及国铁集团另有要求的以外，均可实施竞争性一口价。

4. 浮动权限

（1）上浮项目

在规定浮动权限范围内的竞争性一口价上浮项目由铁路局集团公司自主确定上浮幅度。

①执行政府指导价的整车运输各货物品类上浮价差系数最高不得超过基准运价率的15%（由于电气化附加费并入整车运费后，占据约5%的上浮空间，实际上浮幅度最高不得超过10%。）。

②不得上浮整车化肥和使用集装箱装运的化肥运费，也不得上调化肥有关杂费，避免因铁路运价原因抬高市场化肥价格。

③运费上浮时，先调整运费，再调整营运杂费，营运杂费调整按既有规定执行。

（2）下浮项目

①运杂费下浮调整权限

竞争性一口价下浮项目，管内运输下浮幅度由铁路局集团公司自主确定；邻局运输下浮幅度不超过30%由铁路局集团公司自主确定(到站为集团管内车站,规定车流径路经邻局运输的运价项目,项目类型为管内项目,下浮幅度权限按邻局项目管理),超过30%由铁路局集团公司协商邻局确定;跨局运输下浮幅度不超过30%由铁路局集团公司自主确定,超过30%由铁路局集团公司报国铁集团确定。

国铁集团指定品类及与其他铁路局集团公司存在竞争需报国铁集团统筹协调的竞争性一口价下浮项目,均由铁路局集团公司报国铁集团审批。

符合国铁集团排空方向的竞争性一口价下浮项目,在国铁集团允许的权限范围内,由铁路局集团公司自主审批。

②运杂费调整步骤

运费下浮时,须先对营运杂费进行调整,再对运费进行调整;营运杂费调整时要先对发局杂费调整,发局杂费空间用完以后,再对到局杂费调整。各费目调整步骤如下:

第一步:调整发站除装卸费、接取送达费、特种集装箱使用费以外的其他运营杂费,实施同比例浮动,最多可向下浮动100%。

第二步:调整发站装卸费,最多可向下浮动50%。

第三步:调整到站除装卸费、接取送达费、特种集装箱使用费以外的其他运营杂费,实施同比例浮动,最多可向下浮动100%。

第四步：调整到站装卸费，最多可向下浮动 30%。

第五步：同比例调整运费、国铁集团货运价格主管部门公布箱号段的特种集装箱使用费。

③杂费调整原则

需下浮运费时，除最低的装卸费和接取送达费，国铁集团货运价格主管部门公布箱号段的特种集装箱使用费外，以下营运性质的杂费一律不得收取：国铁集团货运价格主管部门未公布非特种集装箱使用费、装载加固材料使用服务费、取送车费、机车作业费、押运人乘车费、换装费、验关手续费、液体换装费、换轮作业费、阿拉山口口岸建设费。

最低装卸费，发站按对应基准费率的 50%、到站按对应基准费率的 70%执行。管内运输时，基准费率按铁路局集团公司、合资地方铁路公司标准执行；邻局、跨局运输时基准费率按国铁集团标准执行。

最低接取送达费按国铁集团公布基准费率执行。

铁路局集团公司管内运输运费不下浮时，可对发到站货运营运杂费自主下浮，最大幅度不限；铁路局集团公司管内运输运费下浮时，除按上述规定下浮运杂费外，还可对装卸费和接取送达费增加下浮，增加幅度不限。

跨局运输时，除可对发到站按上述规定下浮运杂费外，发局还可对发站装卸费和接取送达费增加下浮，增加幅度不限。

其他营运杂费仍按规定收取。

(3)竞争性一口价运费

需浮动运费时,运费包括铁路货物运费、铁路建设基金、特定线路运费、特定加价运费。

整车、集装箱、行包专列、行邮专列货物不分品类混装时,货票(或包裹票)代码栏填写 9980001,品名栏应填写“混装货物”,整车混装货物不下浮时按 5 号运价计费,适用运价下浮时按 6 号运价计费,品名为“混装货物(F)”,品名代码 9980002。

(4)中铁特货公司的小汽车运输、冷藏车装运易腐货物运输等特种货车运输,由中铁特货公司自主定价。

(5)“一口价新管内运输”“一口价新直通运输”不办理变更到站。托、收货人若发生变更,则在新的到站补收全程正常运费与已收运费的差额。在到站发生无卸车二次起运时,应对原运输补收全程正常运费与已收运费的差额。

5. 增值税下调

自 2018 年 5 月 1 日起,因铁路运输服务增值税税率原适用增值税税率为 11%的铁路运输服务收费项目,其适用税率调整为 10%,对全路实行统一运价的国铁营业线的整车货物运费相应下浮,即:整车 1～6 号运价及机保车的货物运价下浮 0.9%,铁路建设基金同比例下浮。

自 2019 年 4 月 1 日起,因原交通运输适用税率由 10%调整为 9%,全路运价的国铁营业线、与国铁办理直通运输的合资、地方铁路时的货物运费下浮 0.89%，铁路建设基金同比例下浮。

[例 21]2019 年 4 月 5 日，托运人在邯郸站托运一批空调 60 t 货物到石家庄南站，使用 P62 装载，按整车托运。请计算运费和铁路建设基金。

解：查《里程表》邯郸至石家庄南的运价里程为 160 km，基金里程为 160 km，电气化里程 160 km，空调为 6 号运价，6 号运价的基价 1 为 26.0 元/t，基价 2 为 0.138 元/吨公里，计费重量 60 t。

1. 运费为：(26.0＋0.138×160)×60×99.1%×99.11%＋0.007×160×60＝2 900.6(元)。

2. 铁路建设基金为：0.033×160×60×99.1%×99.11%＝311.1(元)。

第二节 批量零散货物快运议价

1. 定义

批量快运议价是指为增加市场竞争力，铁路运输企业与一定时期内有连续稳定发送需求的常客户或一次运量较大的客户，对由国铁集团公布按实重计费的批量品类货物协商确定价格的实施方式。

2. 项目类型

广州局集团公司批量快运分为议价项目和报价项目。

非议价的批量货物运输时，以报价项目对应价格为执行价格，制票时应输入报价项目号计算费用。

3. 实施范围

散堆装、超限超重超限集重、国际联运货物，需使用棚车、敞车以外的其他车型装运的以及国铁集团另有规定的批量货物暂不实施议价。

单一托运人托运货物满足批量零散货物计价规则及运输条件，且达到如下运量条件时，可实施议价。

(1)一批运量 60 t 或体积 120 m^3 以上的货物。

(2)同一发站单月累计运量 100 t 或体积 200 m^3 以上。

4. 运杂费

批量快运按整车组织运输，相关杂费按整车标准执行。各铁路局集团公司对批量快运自主定价，以整车 4 号运价为基准上下浮动。广州局集团公司批量快运运价以整车 4 号运价为基准上浮 35%。

批量快运价格浮动有关程序和机制比照一口价实施，实行项目制管理。

各铁路局集团公司发往成都局集团公司、昆明局集团公司、青藏集团公司格尔木以远(不含格尔木)的批量货物，运价不下浮；零散货物按不低于整车 4 号运价计算的全程运价水平执行。

快速货物班列执行批量零散货物快运有关计费规定，原快速货物班列有关计费规定不再执行。快速货物班列装运批量零散货物时，应不低于同去向普通批量零散货物快运价格上浮5%的水平，避免价格倒挂，具体加成幅度由铁路局集团公司按市场情况自主确定。

第六章　货票系统

第一节　系统操作

一、制票

操作流程如图 6-1 所示。

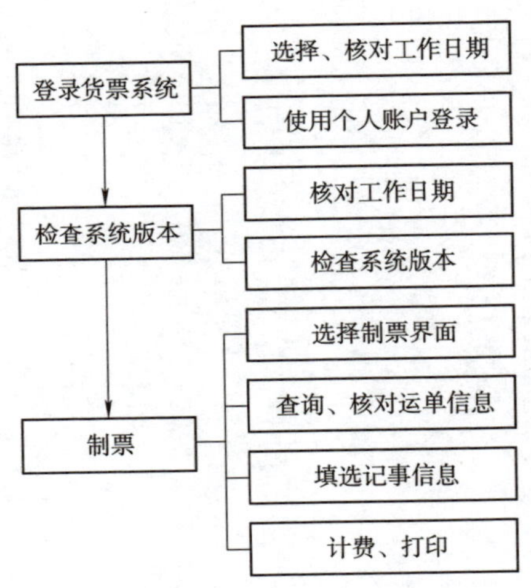

图 6-1　制票操作流程

(1)登录货运制票系统

打开系统，选择工作日期，录入制票用户名及密码，点击确定，如图 6-2 所示。

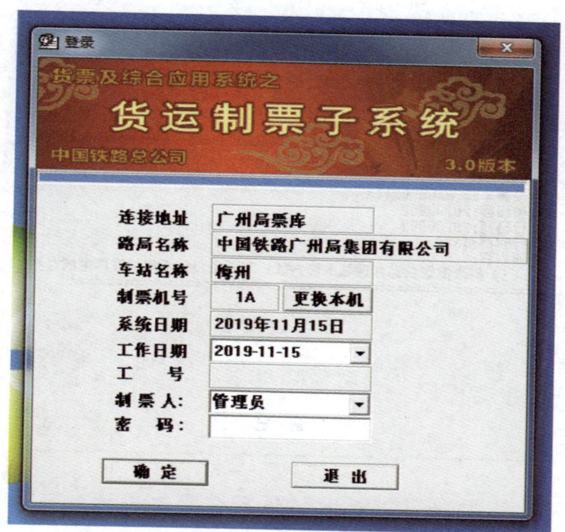

图 6-2　货运制票系统登录界面

(2)检查系统版本

点击任意制票模块,核对右上角红色字体“工作日期”,日期正确方可进行后续操作,如图 6-3 所示。

图 6-3　货运制票系统界面

点击菜单“帮助”,“关于货运制票系统”查看系统发布日期,可查询当前系统版本信息,如图 6-4 所示。

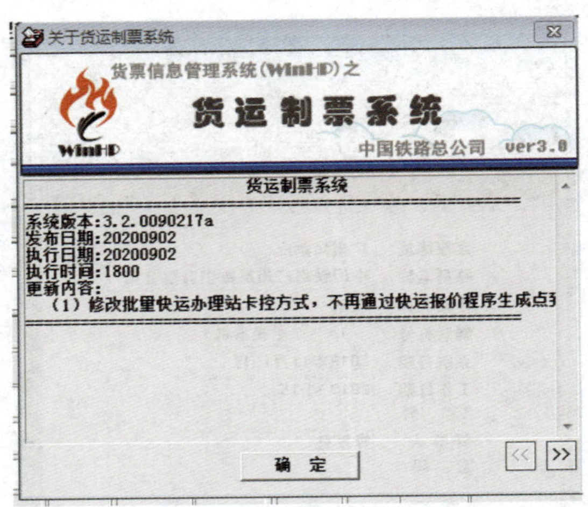

图 6-4　货运制票系统版本界面

(3)制票

①选择制票模块

在工具栏左上方选择制票模块。

制票系统共 10 个制票模块,从左至右分别为整车货票、整列制票、零担货票、集装箱货票、整车快运货票、行包特快班列包裹票、军运后付整车货票、军运后付集装箱货票、过境整车货票、过境集装箱货票。根据货物运输类型选择对应的制票模块计费制票,如图 6-5 所示。

图 6-5　货运制票系统制票模块

工具栏制票模块后，从左至右分别为“剪切”“复制”“粘贴”“打印”“拼音码输入”“电报码输入”“承运人装车”“托运人装车”“货物保价”“货物保险”“径路”“关于”，共12 个快捷键，如图 6-6 所示。

图 6-6　货运制票系统快捷键

其中，发、到站输入方式有“拼音码输入”和“电报码输入”两种，“径路”可查询计费径路，“关于”可查询制票系统版本信息。

②查询、核对运单信息

在制票界面左侧状态栏，可以按照“到站”“日期”“托运人”“货物名称”查询需要计费的运单信息。点击信息，运单信息自动填入界面中各栏，如图 6-7 所示。

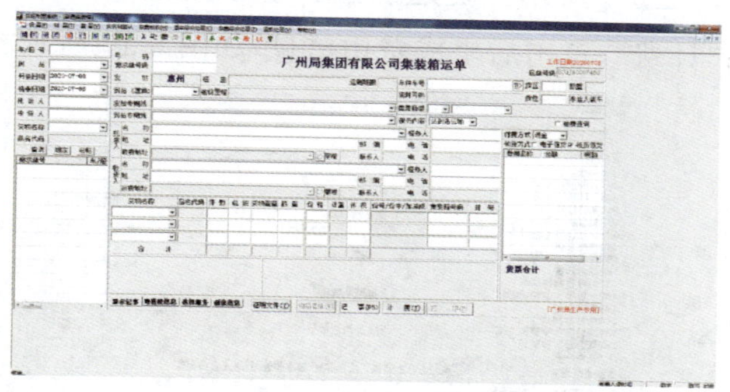

图 6-7　运单信息查询界面

核对运单各栏信息是否齐全，如图 6-8 所示。

制票界面左下方分别为：“显示记事”，显示电子运单

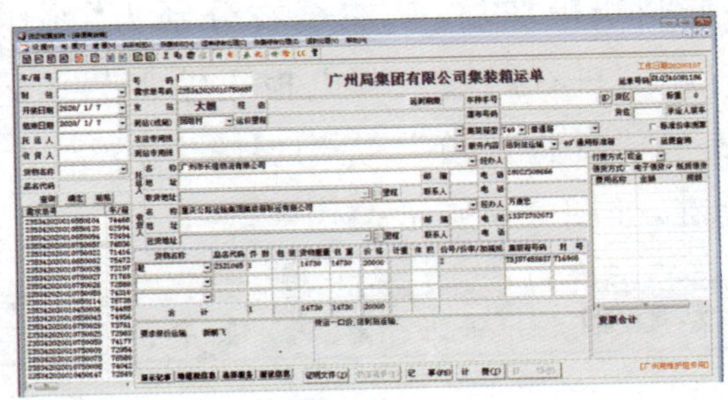

图 6-8　货运制票系统运单信息

需求联内记载的托运人和承运人记事;“增值税信息”,显示增值税发票信息;“选择服务”,选择保价、装载加固材料、仓储等服务信息;“面议 信息”,需面议运输的填记相关面议内容。

制票界面右下方分别为:“证明文件”,若凭证明文件运输的,可点击查看证明文件;“记事”,根据需要补充相关记事,如图 6-9 所示。货运制票系统常用记事具体可见附录 10;“计费”,点击后生成费用信息,如图 6-10 所示。

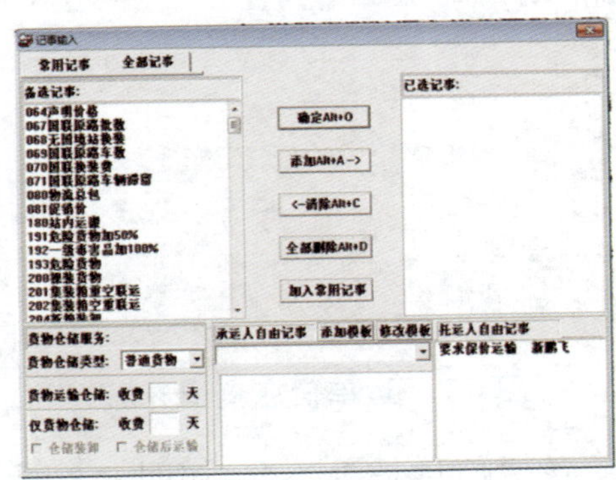

图 6-9　货运制票系统记事界面

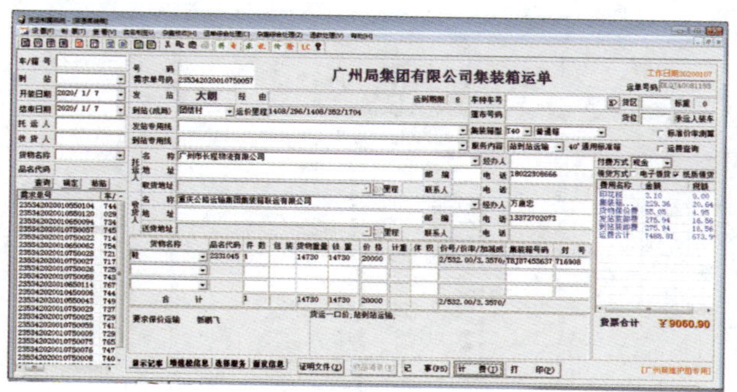

图 6-10 计费信息面

货物运单填制完后，需查询各分段计费里程时，可在制票系统最上面一行点击“查看”，选择“查看径路数据”或者按“F2”查询，如图 6-11 和图 6-12 所示。

查看[V] 实名制签认 杂费核收[H]
输入方式 [M]
选项修改 [I]
查看径路数据 [J]
查看费用详细数据 [Y]
查看承运清算
发站办理限制 [F]
到站办理限制 [D]
计算器 [Q]
✓ 工具栏 [T]
✓ 状态栏 [S]

图 6-11 查看径路数据菜单

需查询各科目费用明细时，可在制票系统最上面一行点击“查看”，选择“查看费用详细数据”或者按“F3”查询，如图 6-13 和图 6-14 所示。

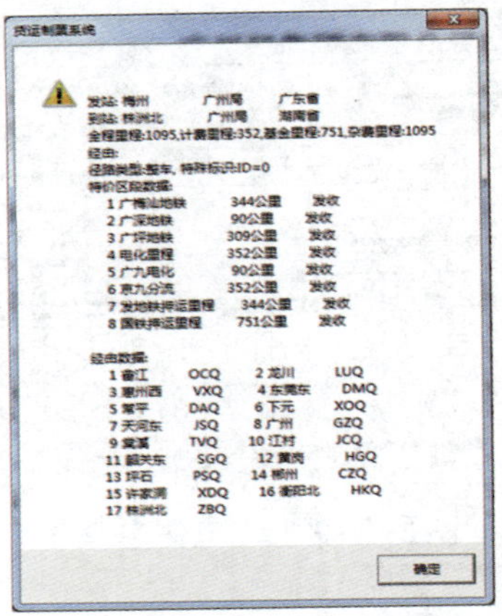

图 6-12　查看径路数据界面

图 6-13　查看费用详细数据菜单

"打印",计费生成费用信息,核实费用信息无误,点击"打印",生成带运单号的电子运单,并打印出货物运单。

货物运单背书在"运单综合处理"中的"打印运单背书"中单独打印,可批量打印。货物运单发站存查联、托

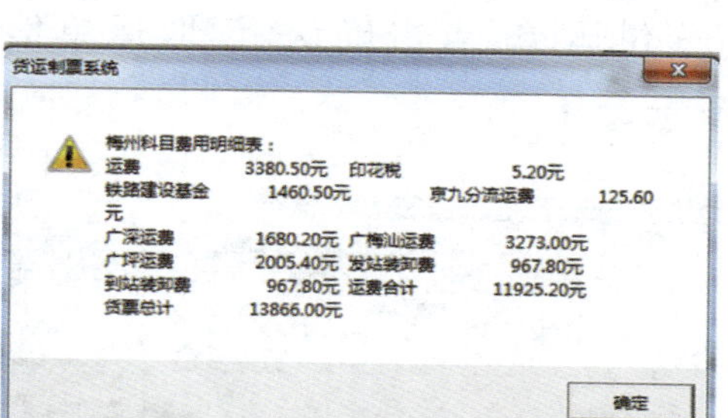

图 6-14　查看费用详细数据界面

运人存查联、领货凭证应打印运单背书。国际联运不打印领货凭证。

杂费、军运后付货票使用针式打印机套打。

剧毒品运输使用黄色纸张打印运单。

二、杂费核收

1．运输杂费核收

(1)内交付

点击“菜单”中“杂费核收”，选择“运输杂费核收”。

在页面左上角，选择“到达”，可以按照“运单号”、“发站”或“制票日期”查询到达运单，如图 6-15 所示。

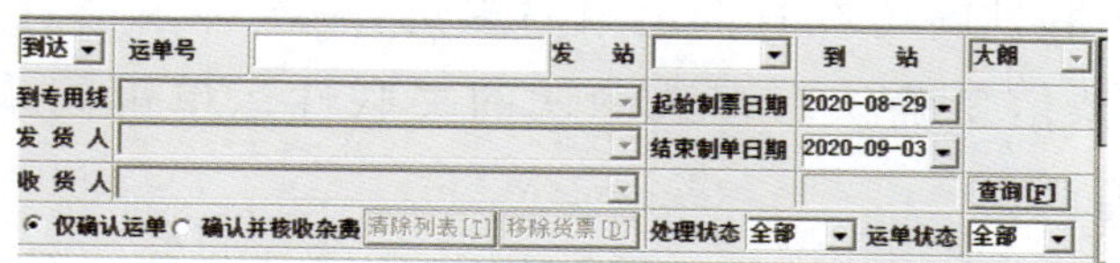

图 6-15　查询到达运单界面

选择待交付运单，点击确认，读取运单信息并核对，如图 6-16 所示。

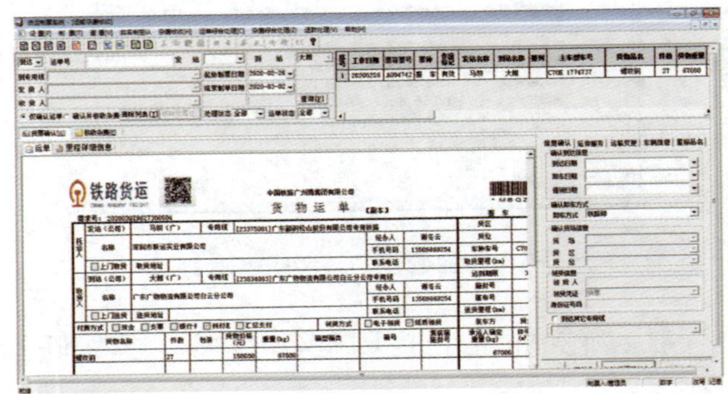

图 6-16　读取和核对运单信息界面

在页面左上角，查询框下拉，可选择“仅确认运单”或“确认并核收杂费”。“仅确认运单”为仅确定运单信息。“确认并核收杂费”为确定运单信息及待核收杂费信息。

选择“仅确认运单”时，在信息确认栏补录“确认到达信息”“确认卸车方式”等相关信息。

信息填记完整无误后，单张运单点击“单张货票确认”，完成信息确认。

多张运单托运人、收货人、品名等信息一致，运单间存在关联性时可在查询运单后多选，一次补录信息后，点击“联票信息确认”，多选确认的关联性运单可同步完成信息确认。

选择“确认并核收杂费”时，信息确认步骤一致，信息确认后系统自动转自“核收杂费”页面，核收杂费完成内交付，如图 6-17 所示。

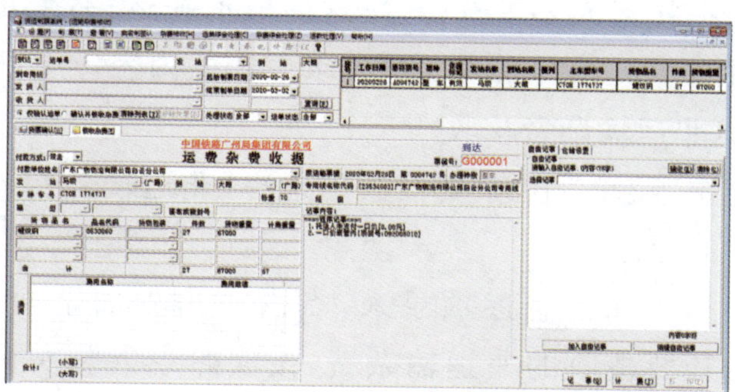

图 6-17 核收杂费界面

(2)运输变更

点击“菜单”中“杂费核收”,选择“运输杂费核收”。

在页面左上角,发送前取消托运选择“发送”,变更收货人、变更到站根据情况选择“到达”或“中间”,可以按照“运单号”、“发站”或“制票日期”查询变更运单。

点击变更运单,选择“仅确认运单”,在页面右侧选择“运输变更”,如图 6-18 所示。

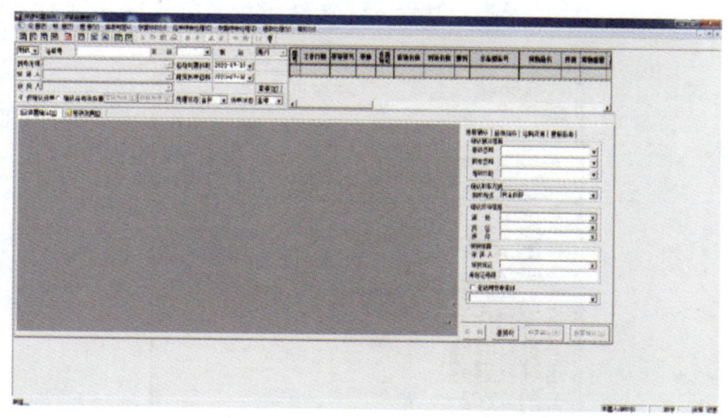

图 6-18 运单信息变更界面

根据托运人要求选择“发送前取消托运”、“变更收货人”或“变更到站”，录入变更要求书相关内容，点击确认。

2. 非运输杂费核收

点击“菜单”中“杂费核收”，选择“非运输杂费核收”，如图 6-19 所示。

根据实际信息逐项录入，点击右边界面下面的“记事”，选择要核收的非运输杂费，按实际录入相关内容后系统自动计算出应核收的费用。“自由记事”栏记明需要核收的原因及具体内容等，如图 6-20 所示。

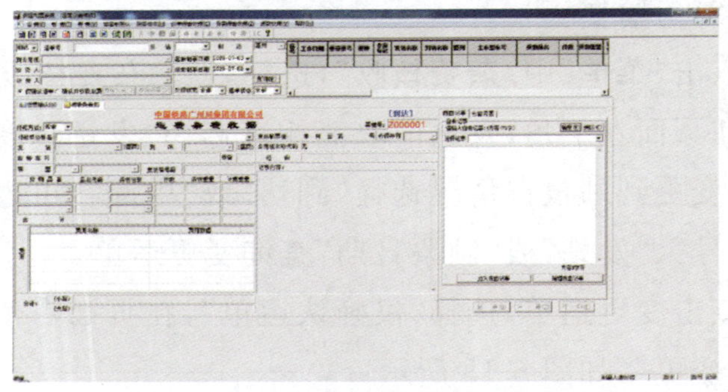

图 6-19　非运输杂费核收界面

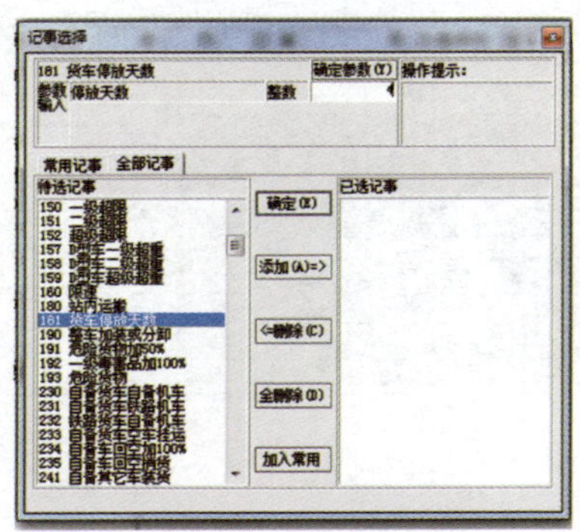

图 6-20　记事选择界面

3. 人工核收杂费

点击“菜单”中“杂费核收”，选择“人工核收杂费”，如图 6-21 所示。

根据实际信息逐项录入，在界面右边的“车种车号”栏输入车辆相关信息后，点击“费用设置”，输入需要核收的费目名称、费率及手工算出的费用数值，点击“确定”。

“自由记事”栏记明需要核收的原因及具体内容等，如图 6-22 所示。

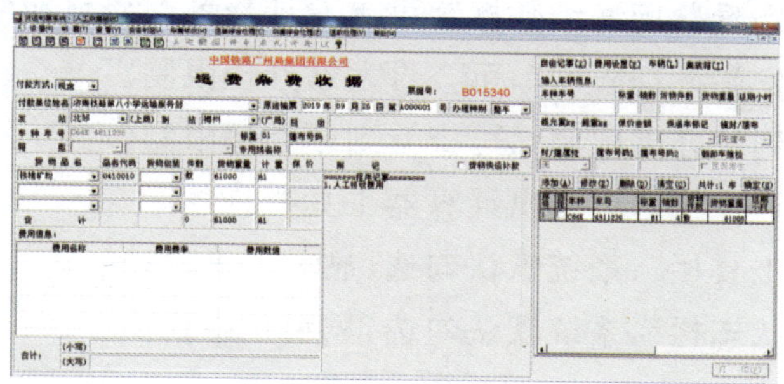

图 6-21　人工核收杂费界面

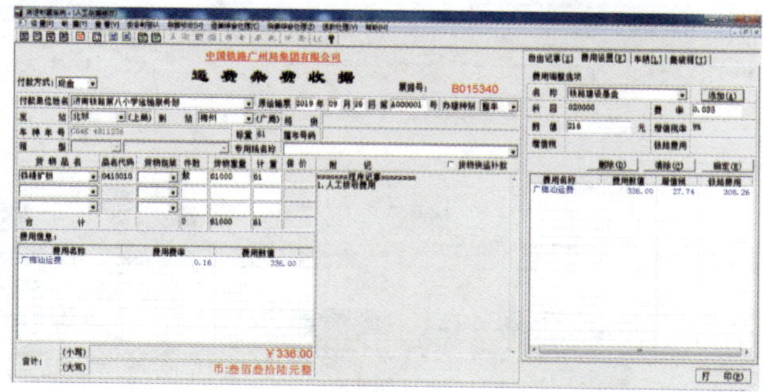

图 6-22　自由记事界面

三、其他菜单功能

1. 查看

如图 6-23 所示。

“输入方式”,可选择发、到站输入方式为拼音码或电报码;选择承运人装车或托运人装车;选择货物保价或货物保险。

“查看径路数据”,可查看计费径路。

“查看费用详细数据”,可查看计费各项费目明细。

“发站办理限制”,可查看发站办理限制。

“到站办理限制”,可查看到站办理限制。

“计算器”,可弹出计算器工具栏。

“工具栏”,系统默认勾选,显示工具栏。

“状态栏”,系统默认勾选,显示状态栏。

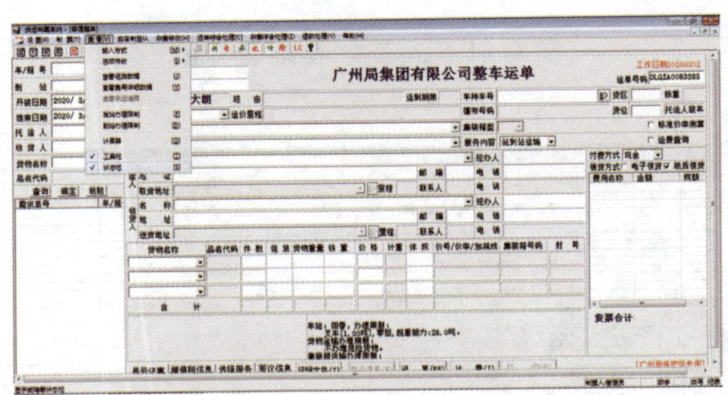

图 6-23　查看菜单

2. 运单综合处理

运单综合处理主要可涉及运单查询、运单财收、运单统计及其他等四大主要功能模块。

(1)运单查询

“运单查询/作废”:点击界面,可选择“制票日期”或“运单号码”查询本站已制票运单相关信息,如图 6-24 所示。

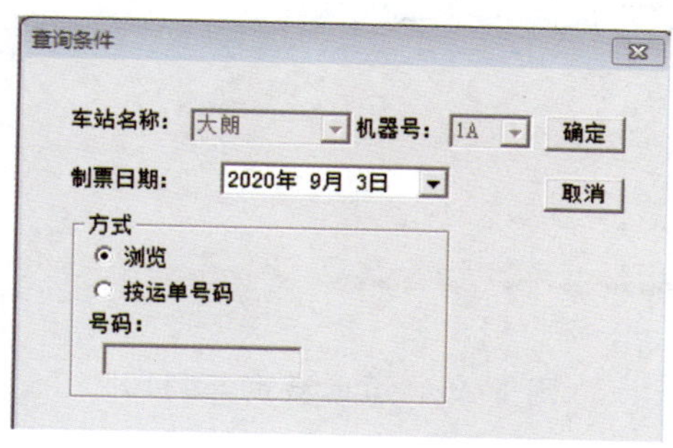

图 6-24　运单查询窗口

根据业务需求须对已制票运单作废,可经上步查询后选中待作废运单,点击“作废”即可。已作废运单需求信息将自动返回相应制票模块状态栏,如图 6-25 所示。

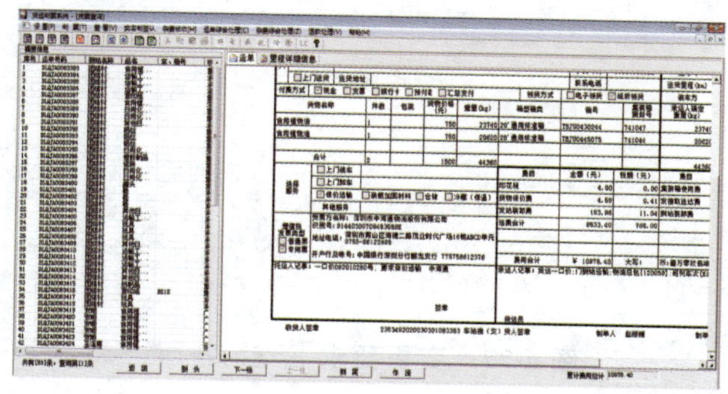

图 6-25　已制票运单作废界面

“运单查询与打印”:可选择运单号码、运单起始日期、运单截止日期、发货人、收货人等条件查询本站发送、到达及途中运单信息及打印,如图 6-26 所示。

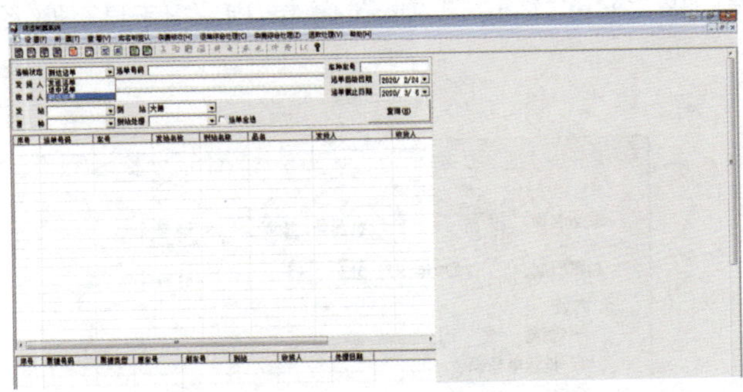

图 6-26 运单查询与打印

“变更要求书查询打印”:可选择变更号码、运单号码、车种车号等条件查询与本站相关的运输变更要求书相关内容及打印,如图 6-27 所示。

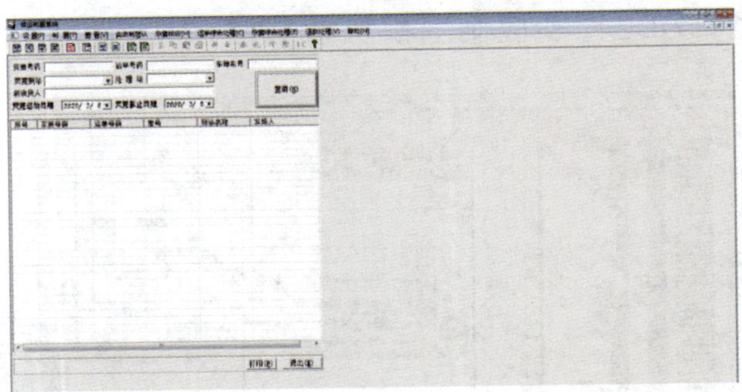

图 6-27 变更要求书查询打印

（2）运单财收

运单财收四：统计上报运单财收四信息，如图 6-28 所示。

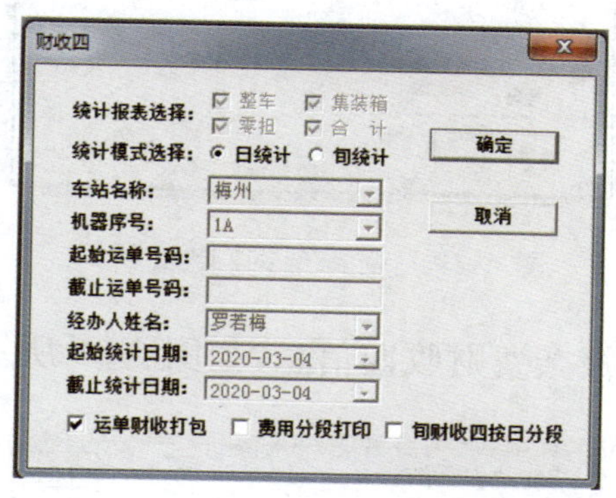

图 6-28　运单财收四窗口

（3）统计功能

运单综合处理中“货报二”“货主统计”“装车去向统计”“保价报告”“货物承运簿”“运价下浮清单”“运价浮动统计”，可根据业务需求进行相关统计。

（4）其他功能

“打印运单背书”：可单独打印，亦可批量打印运单背书内容。

3. 杂费综合处理

（1）杂费查询/作废，如图 6-29 所示。

可选择“制票日期”或“运单号码”查询本站已制票杂费相关信息。

（2）杂费财收四

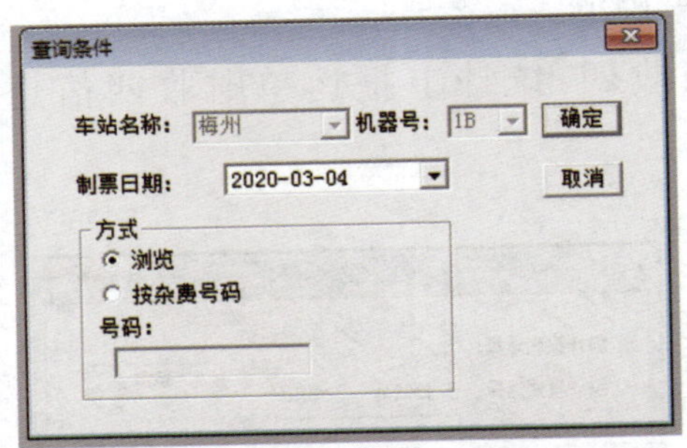

图 6-29　杂费查询/作废窗口

统计上报杂费财收四信息，如图 6-30 所示。

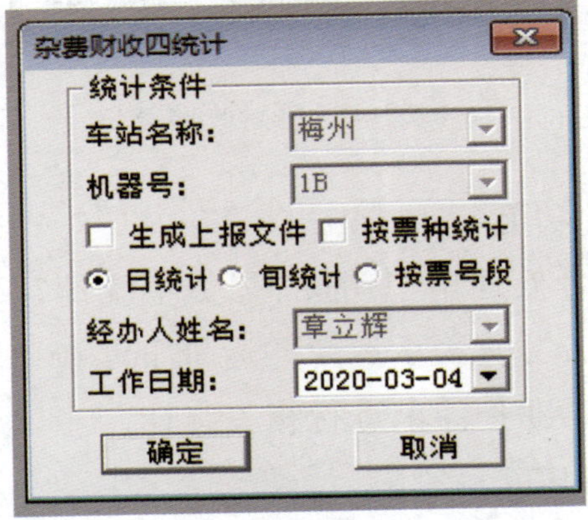

图 6-30　杂费财收四信息统计窗口

4. 退款处理

填制退款证明书，如图 6-31 所示。

四、系统升级

货票信息管理系统升级由信息技术所负责。信息技

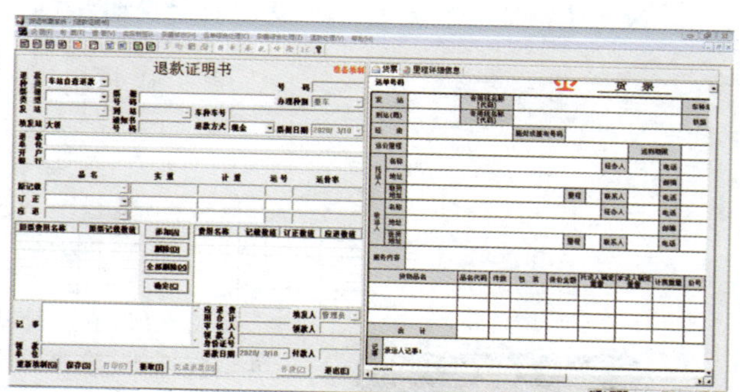

图 6-31　退款证明书

术所按片区对各货运站点进行系统升级。

各货运站点在系统升级期间应保持系统操作电脑开机联网状态。系统升级完毕后,操作前应核对系统版本,确定系统为最新版本后方可进行下一步作业。若发现系统非最新版本,应及时联系至本片区信息技术所完成升级。未系统升级的,不可进行相关计费作业。

第二节　设施设备

一、应配置的设施设备

配置配齐服务器、电脑、高拍仪、身份证识别仪(可集成)、密码器、打印机、手持终端、网络交换机、不间断电源等硬件设备。

岗位主要设备及设备使用说明见表 6-1。

表 6-1 岗位主要设备及设备使用说明

设备名称	图片说明	使用说明
针式打印机		核算员使用针式打印机，打印军运后付货票、杂费单据。 在接班前，应对针式打印机进行试机，检查色带是否需要更换、调试好打印头和打印位置，确保针式打印机使用正常，使用过程中注意防水、防摔，并将针式打印机的使用情况纳入交接班内容，针式打印机故障时还应在“交接班簿”上登记并签认
激光打印机		核算员使用激光打印机，打印运单、物品清单、运输变更要求书等货运票据。 在交班前，应对激光打印机进行试机，检查打印机联接状态、打印纸质存量、墨盒是否有墨，确保激光打印机使用正常，激光打印机应放置在固定位置，避免阳光直射和化学物品的侵蚀，不要触摸定影器，避免高温烫伤，使用过程中注意防水、防摔。并将激光打印机的使用情况纳入交接班内容，激光打印机故障时还应在“交接班簿”上登记并签认

续上表

设备名称	图片说明	使用说明
电脑		（1）交班前、接班后，应察看电脑状态。 （2）遇故障要及时报修
制票卡		捆绑电脑主机，填制货物运单和货运杂费收据，准确核收货物运输费用
高拍仪、身份证识别仪	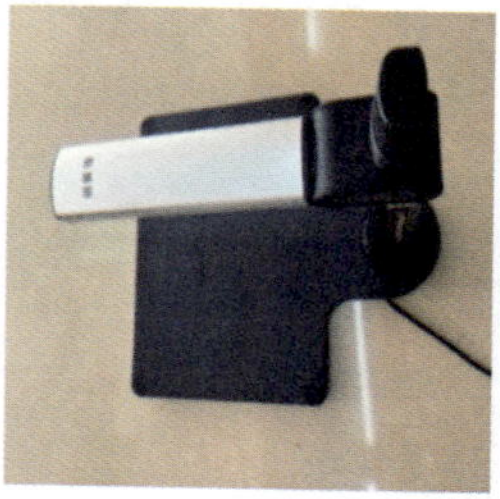	在运单受理环节，拍摄和上传客户现场所带随附文件等资料；在货物交付环节，对领货凭证、领货人身份证、领货人人脸图像等进行拍摄上传，自动采集领货人身份证信息

二、维修维护规定

货票信息管理系统维护由信息技术所负责：

1. 按业务、技术要求做好货票信息管理系统的适应性完善、维护和技术支持以及应急处置。

2. 对铁路局集团公司运用系统进行技术指导，组织应用系统更新和应用培训。

第七章　安全风险及防控措施

铁路货物运输计费安全风险及防控措施见表 7-1。

表 7-1　安全风险及防控措施

序号	风险点	表现形式	防控形式
1	计费系统管理	无依据或超权限擅自修改计费系统参数，谋取私利	(1)制定并落实计费系统维护流程和互控制度。 (2)完善货票计费及价格管理信息系统功能，加强运用技术手段防控
2	货运收费	(1)巧立名目，强制服务和收费，不服务只收费，少服务多收费。 (2)运输服务收费不以规定的运杂费科目和票据收取。 (3)为获得局部利益，挤占铁路正常价格空间，造成运输收入减少，降低铁路整体市场竞争力	(1)加强货运相关服务收费管理，完善相关收费管理办法。 (2)明确具体收费目录，按不同的收费科目规范相应的收费协议文本。 (3)强化内部监控，完善价格内部检查监控机制。 (4)健全收费公示制度，主动接受社会监督，发挥外部监督的作用
3	价格策略制定、实施与考核	(1)市场价格调查不实，弄虚作假，骗取价格政策。	(1)强化价格规律。凡事涉及价格策略制定和变更的，严格按照有关价格管理办法执行。

续上表

序号	风险点	表现形式	防控形式
3	价格策略制定、实施与考核	(2)突破权限和法规,不严格执行国铁集团规定的价格管理流程,不落实集体决策和过程留痕。 (3)不严格执行国铁集团统筹确定的价格策略,故意拖延、擅自扩大、缩小或修改方案内容。 (4)利用运价下浮进行利益输送,或搞内部不合理竞争,造成全路整体收益损失。 (5)以非承运人责任的理由或故意虚构承运人责任,放松下浮项目的运量和收入考核,捞取好处	(2)落实市场价格调查制度,对公路、水运等货运价格实施科学有效检测。 (3)加强价格监督检查,对价格决策流程、策略落实不到位的单位给予提醒纠错直至通报追责。 (4)严把运价下浮审批关,对下浮必要性进行充分论证,集体决策、过程留痕。 (5)对可能产生内部不合理竞争的区域和货源加强价格协调统筹和监管。 (6)强化运价项目的效果评价和执行考核,严格按既定协议落实考核。 (7)对下浮项目造成整体利益受损的,要追究有关项目制定、审批部门的责任

第八章　费用计算示例

一、示例 1

2019 年 5 月 1 日，新港到包头北装铁矿粉 70 t，请计算相关费用（全程里程：879 km，计费里程 654 km，杂费里程 879 km，张集线京 66 km，张集线呼 92 km，京包线陶瓜段 67 km，电化里程 646 km）不计算装卸费。张集线京、张集线呼运价率为 0.167 1 元/吨公里，陶瓜线运价率比照国铁计费，免收基价 1，该段为电气化线路。请计算运杂费。

解：

(1)运费：

(16.3×70＋0.098×654×70)×0.991×0.991 1＋0.007×646×70＝(1 141＋4 486.44)×0.991×0.991 1＋316.50＝5 843.7(元)

(2)铁建基金：

0.033×654×70×0.991×0.991 1＝1 483.8(元)

(3)张集运费京：

0.167 1×66×70×0.991 1＝765.1(元)

(4)张集运费呼：

0.167 1×92×70×0.991 1＝1 066.5(元)

(5)陶瓜运费：

(0.098+0.033)×67×70×0.991 1+0.012×67×70=665.2(元)

(6)印花税：

(5 843.7+765.1+1 066.5+665.2)×0.000 5=4.2(元)

运杂费合计：

5 843.7+1 483.8+765.1+1 066.5+665.2+4.2=9 828.5(元)

二、示例 2

2019 年 5 月 15 日，太原西站发新丰镇站锅炉 1 件，货物重量 110 t，超级超限，限速运行，使用 D18 型车装运，托运人自装卸，装车时间从 8 日送到 16 日装完。经中铁特货公司批准减吨 30 t，计费里程 109 km，基金 639 km，其中：电化里程 86 km，大秦公司线路 530 km，大秦公司电化 355 km，杂费里程 639 km，请计算运杂费。

解：

(1)依《价规》第 14 条、15 条，超级超限、限速运行按运价加 150%计费。

(2)依《价规》第 44 条，按日核收货车延期占用费。

(3)依《价规》第 12 条，经中铁特货公司批准可根据实际使用车辆的标重减少计费重量。

运费：

(26+0.138×109)×150×0.991×0.991 1×(1+

150%)+0.007×150×86=151 16.5+90.3=15 206.8(元)

大秦公司运费：

0.138×530×150×0.991×0.991 1×(1+150%)+0.007×355×150=26 938.7+372.8=27 311.5(元)

印花税：

(15 206.8+27 311.5)×0.000 5=21.3(元)

铁路建设基金：

0.033×150×639×0.991×0.991 1=3 106.7(元)

货车延期占用费：

6.50×110×6=7 020.0(元)

运杂费合计：

15 206.8+27 311.5+19.5+3 106.7+7 020.0=52 664.5(元)

三、示例 3

2019 年 5 月 15 日，岢岚站省煤运专用线(距车站中心 2 km)发到岢岚站晋兴能源专用线(距车站中心里程 48 km)混煤 1 车，货物重量 70 t，12 时 30 分送到装车地点，当日 19 时装完，企业自备货车运输、铁路机车拉运，请计算运杂费。

解：

(1)依《价规》第 18 条，按实际运输里程计算运费，不另核收取送车费。

(2)依《价规》第 24 条，自备货车铁路机车拉运，按所装货物运价率减 20%计费。

(3)依《中国铁路总公司关于调整货运杂费有关事项的通知》(铁总运〔2017〕196 号),取消自备车管理费。

(4)自备货车不收货车延期占用费。

运费:

(16.3+0.098×50)×70×0.991×0.991 1×(1−20%)=1 166.0(元)

印花税:

1 166×0.000 5=0.6(元)

运杂费合计:

1 166.0+0.6=1 166.6(元)

四、示例 4

2019 年 5 月 15 日,某物流公司由武昌东站发一车钢板至王家营西站,货重 40 t,使用 70 t 敞车装运,计算发站应收费用。(不计算装卸费)计费里程 1 935 km,电气化 1 931 km,京九里程 402 km,南昆里程 6 km。南昆线运价率为 0.167 元/吨公里。

解:依铁总运电〔2016〕54 号对钢铁及有色金属产成品(钢锭钢坯 0520、钢材 0530、有色金属及其加工材 0571、半导体材料 0573、石油套管油 0574)规定,实行实重计费。依货价电〔2018〕195 号整车运输实行实重计费时,最低按货车标重的 60%计费,货重 40 t 低于货车标重的 60%,故 70 t 货车计费重量为 42 t。钢板运价号 5 号,基价 1:18.6 元/t,基价 2:0.103 元/吨公里。请计算运杂费。

运费：

(18.6＋0.103×193 5)×0.991×0.991 1×42＋0.007×1 931×42＝9 556.6(元)

铁路建设基金：

0.033×0.991×0.991 1×1 935×42＝2 634.1(元)

京九分流：

0.006×0.991 1×402×42＝100.4(元)

南昆运费昆：

0.167×0.991 1×6×42＝41.7(元)

印花税：

(9 556.60＋100.4＋41.7)×0.000 5＝4.8(元)

运杂费合计：

9 556.6＋2 634.1＋100.4＋41.7＋4.8＝12 337.6(元)

五、示例 5

2019 年 9 月 28 日，A 站发 B 站盘条一车，货重 30 t，使用标重 60 t 敞车装运，苫盖铁路 D 型篷布一块。运行至 C 站时，遇自然灾害阻碍运输，托运人要求变更到站至 E 站某专用线（距车站中心线 4.6 km）。10 月 5 日到达，当日送专用线卸车完毕，10 月 10 日收货人将货车篷布送回车站，请计算 E 站应退补的费用（装卸费不计）。

（运价里程如图 8-1 所示，全程国铁电气化区段，盘条运价号整车 5 号，运价率基价 1：18.6 元/t、基价

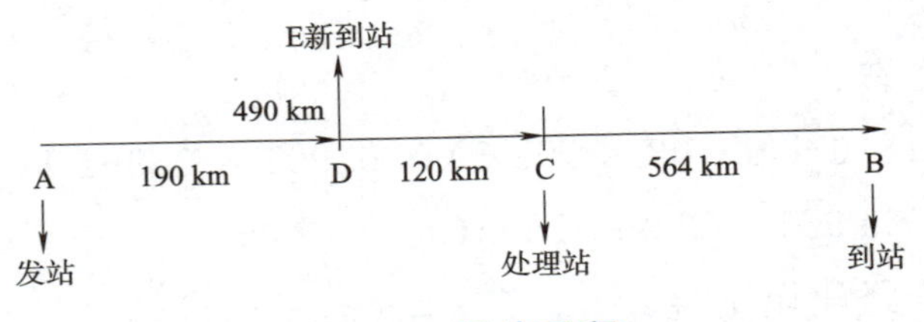

图 8-1　运价里程

2：0.103 元/吨公里。）

解：依《价规》第 47 条运费按发站至处理站与处理站至新到站的实际经由里程合并通算。如至新到站经由发站至处理站的原经路时，计算时应扣除原经路回程里程。对整车、35 t 敞顶箱装运的焦炭（03）、钢铁及有色金属产成品（钢锭钢坯 0520、钢材 0530、有色金属及其加工材 0571、半导体材料 0573、石油套管油管 0574）实行实重计费。（铁总运电〔2016〕54 号）。2018 年 9 月 20 日起，整车运输实行实重计费时，最低按货车标重的 60%计费（价货电〔2018〕195 号）。

（1）原票据已收的费用：

运费：

（18.6＋0.103×874）×36×0.991×0.991 1＋0.007×874×36＝4 060.9（元）

铁建基金：

0.033×874×36×0.991×0.991 1＝1 019.8（元）

根据《中国铁路总公司关于调整部分铁路货运杂费有关事项的通知》（铁总货〔2019〕46 号），取消货车篷布使用费

印花税：

4 060.90×0.000 5＝2.0(元)

(2)新到站E站核收的运费：

190＋120＋120＋490－120＝800(km)

运费：

(18.6＋0.103×800)×36×0.991×0.991 1＋0.007×800×36＝3 772.8(元)

印花税：

3 772.8×0.000 5＝1.9(元)

铁建基金：

0.033×800×36×0.991×0.991 1＝933.5(元)

取送车费：

4.6×2＝9.2(km)，不满1 km部分进整，取10 km，10×8.1×1＝81.0(元)

货车篷布使用费取消。

货车篷布延期使用费：1×60×3＝180.0(元)

(3)E站应退补的费用：

退运费：4 060.9－3 772.8＝288.1(元)

退基金：1 019.8－933.5＝86.3(元)

(4)印花税不退不补，补收取送车费81.0元，补收货车篷布延期使用费180.0元。

六、示例6

2020年4月27日，俄罗斯进口原木在绥芬河(境)变更到国内甲站，原俄车原木实际重量36 t，换装到国内C64K车(标重61 t)，绥芬河至甲站计费里程883 km、基金里程 883 km，电化里程 479 km，国境站到国境线里程6 km（非电气化），请计算绥芬河（境）应核收运输费用。

解：

(1)依铁总价电〔2016〕120 号“一、对整车木材(10)按实重计费。”和铁总货价电〔2018〕195 号“三、整车运输实行实重计费时，最低按货车标重的 60％计费。”该题计费重量：61×60％＝36.6(t)，按 37 t 计费。

(2)依《价规》第 59 条“进出口货物的运价里程，应将国境站至国境线的里程计算在内。”运价里程：883＋6＝889(km)，根据铁货电〔2019〕60 号自 2019 年 11 月 1 日起取消货物运输变更手续费。

运费：

(18.60＋0.103×889)×37×0.991×0.991 1＋0.007×37×479＝4 127.6(元)

印花税：

4 127.60×0.000 5＝2.1(元)

基金：

0.033×889×37×0.991×0.991 1＝1 066.1(元)

国联换装费：

16×36＝576.0(元)

运杂费合计：

4 127.6＋2.1＋1 066.1＋576.0＝6 071.8(元)

七、示例 7

2019 年 5 月 15 日，甲站发乙站龙门吊 1 台，货重

45 t，货长 32 m，二级超限，限速运行，使用 NX17BK 型车两辆跨装运输。两站间里程 1 507 km，电气化里程 1 004 km。请计算运输费用（装卸费除外）龙门吊，6 号运价，计费重量 120 t。

解：

（1）NX17B 型车（NX17BK、NX17BT、NX17BH）载重 61 t，两车跨装计费重量为 122 t。

（2）依铁总货电〔2017〕215 号，国铁统一运价电气化区段收取的电气化附加费并入国铁统一运价，不再单独收取。根据《价规》第 14 条：二级超限货物，按运价率加成 100%；又根据《价规》第 15 条：需要限速运行的货物，按运价率加 150% 计费。需要限速运行的超限货物不另核收超限货物加成运费。

运费：

(26.00＋0.138×1 507×122)×(1＋150%)×0.991×0.991 1＋0.007×1 004×122＝70 945.4（元）

铁建基金：

0.033×1 507×122×0.991×0.991 1＝5 959.1（元）

印花税：

70 945.40×0.000 5＝35.5（元）

运杂费合计：

70 945.4＋5 959.1＋35.5＝76 940.0（元）

八、示例 8

2019 年 5 月 7 日，A 站某专用线发 B 站某专用线黄磷(铁危编号:42001)1 车,使用一组 20 英尺自备罐式集装箱装运,每箱货重 24 t,发站专用线长 5 km,托运人自装,托运人未支付到站杂费,请计算发站运输费用(A～B 计费里程 610 km,基金里程 610 km,电化里程 220 km)。

解:依铁总货电〔2018〕57 号,20 英尺罐式集装箱按"铁路货物运价率表"中规定的 20 英尺集装箱运价率加 5%计算,黄磷(铁危编号:42001)属于一级自燃物品,《价规》第 22 条规定'装运一级自燃物品的集装箱按"铁路货物运价率表"中规定的运价率加 50%计算',"装运危险货物的集装箱按上述两款规定适用两种加成率时,只适用其中较大的一种加成率",所以该题运价率按 20 英尺集装箱运价率加 50%计算。

运费:

(440.00+3.185×610)×(1+50%)×0.9911×2=7084.9(元)

基金:

0.528×610×0.9911×2=638.4(元)

印花税:

7084.90×0.0005=3.5(元)

发站取送车费:

4.05×5×2×2=81.0(元)

运杂费合计:

7084.9+638.4+3.5+81.0=7807.8(元)

九、示例 9

2019 年 4 月 8 日，A 站使用 NX17BK 装运一个铁路 45 英尺冷藏集装箱至 B 站，货物品名冻猪肉，货重 25 t，托运人自装，请计算发站运输费用。（A—B 计费里程 610 km，基金里程 610 km，电化里程 220 km）。托运人未支付到站杂费。

解：依铁总价电〔2017〕39 号二、使用普通车运输时，45 英尺冷藏集装箱按“铁路货物运价率表”规定的 40 英尺集装箱运价率加成 10%，三、铁路冷藏集装箱使用费按通用集装箱标准加成 300%。

运费：

(532.00＋3.357×610)×1×(1＋10%)×0.991 1＝2 812.5(元)

基金：

1.122×610×1×0.991 1＝678.3(元)

印花税：

2 812.50×0.000 5＝1.4(元)

集装箱使用费：

[70.00＋(610－250)÷100×12]×(1＋300%)＝70.00＋4×12×(1＋300%)＝472.0(元)

运杂费合计：

2 812.5＋678.3＋1.4＋472.0＝3 964.2(元)

十、示例 10

2019 年 6 月 8 日，A 站发 B 站，使用铁路 35 t 敞顶箱一组运输，货物品名：玉米，专用线自装，专用线全长 2.6 km，保价合计 5 万元，全程里程 1 022 km，计费里程 1 009 km，电化里程 516 km，非电气化合资铁路(0.155 1 元/吨公里)13 km。请计算发站运输费用。托运人未支付到站杂费。

解：依铁总价电〔2016〕67 号一、运费：35 t 敞顶箱按所装货物适用的整车运价号、运价率及运价里程计费。装运玉米，计费重量按 32 t 计算，铁建基金按照在整车相关政策执行；二、杂费：比照 20 英尺通用集装箱标准执行。

运费：

(16.30＋0.098×1 009)×32×2×0.991 1＋0.007×516×32×2＝7 537.2(元)

合资铁路运费：

0.155 1×13×32×2×0.991 1＝127.9(元)

集装箱使用费：

[35.00＋(1 022－250)÷100×6]×2＝(35.00＋8×6)×2＝166.0(元)

取送车费：

4.05×(2.6×2)×2＝4.05×(3×2)×2＝48.6(元)

保价费：

50 000×2‰＝100.0(元)

印花税：

(7 537.20＋127.90)×0.000 5＝3.8(元)

铁路建设基金：玉米免收。

运杂费合计：

7 537.2＋166.0＋48.6＋100.0＋3.8＋127.9＝7 983.5(元)

十一、示例 11

2019 年 4 月 29 日，A 站使用铁路 20 英尺干散货集装箱一组发运玉米 55 t 到 B 站，5 月 2 日到站，承运人于当日发出领货通知，5 月 4 日收货人到车站办理交付手续，领出集装箱，并于 5 月 12 日将集装箱送回车站，并返空至 C 站，请根据既有条件分别计算 A 站和 B 站的有关费用。A、B 站均执行国铁集团基准费率及要求。已知：(1)A 站到 B 站，B 站到 C 站间均为国铁电气化铁路，A 站到 B 站运价里程 500 km，B 站到 C 站运价里程 600 km；(3)玉米为 4 号运价率：基价 1 为 16.30 元/t，基价 2 为 0.098 元/吨公里。

解：

(1)A 站

运费：

(440＋3.185×500)×2×0.991 1＝4 028.8(元)

铁建基金：

0.528×500×2×0.991 1＝523.3(元)

印花税：

4 028.80×0.000 5＝2.0(元)

集装箱使用费：

(35＋3×6)×2＝106.0(元)

发站装卸费：

195×2＝390.0(元)

到站装卸费：

195×2＝390.0(元)

运杂费合计：

5 440.1(元)

(2)B 站

根据《铁路集装箱运输规则》第 28 条，集装箱出站的，重去空回或空去重回时，应于领取的次日送回，超过时核收集装箱延期使用费。

前 5 天 10 元/箱日，超过 5 日，60 元/日。

(10×5＋60×2)×2＝340.0(元)

铁路箱“返空至 C 站”不收费用。

十二、示例 12

2019 年 5 月 15 日，京唐港站发介休站一组 20 英尺自备箱，重空联运，6 月 5 日到达介休站，介休站当日发出催领通知，客户在 6 月 7 日领取，重箱出站，6 月 8 日该组空箱返回介休站。客户提出从介休站返回大新站装货需求，请计算介休站应收哪些运杂费？介休站至大新站全程里程 373 km，基金里程 373 km，电化里程 373 km。

解：

（1）依《中国铁路总公司关于大力发展自备箱运输提高集装箱铁路运量的通知》（铁总运电〔2015〕8 号）第 3 条第 1 款，自备重箱到达后 50 日以内，该箱以空箱在该站发运时（国际联运除外），空箱运价率按重箱运价率的 10％计算。建设基金、电气化附加费同比例核收。

（2）依《中国铁路总公司关于调整铁路集装箱运价有关事项的通知》（铁总货电〔2018〕57 号）第 3 条，集装箱运价电气化区段等额浮动规定停止执行。

运费：

（440＋3.185×373）×0.991 1×2×10％＝322.7（元）

建设基金：

0.264×373×2×0.991 1×25％＝48.8（元）

印花税：

322.7×0.000 5＝0.2（元）

发站装卸费：

45×2＝90.0（元）

到站装卸费：

45×2＝90.0（元）

运杂费合计：

322.7＋48.8＋0.2＋90.0＋90.0＝551.7（元）

十三、示例 13

2019 年 4 月 3 日，某站货场到达 20 英尺通用集装箱铝锭20箱,其中铁路集装箱10箱,自备集装箱10箱,4月4日卸车并发出领货通知,4月10日收货人领取集装箱出站,4月13日将铁路空箱送回,车站应该核收什么费用?收费的依据是什么?应核收多少费用?(题中涉及费率均执行国铁集团基准费率,不考虑装卸费。)

解:

(1)车站应核收仓储费和集装箱延期使用费。

(2)依据:①《铁路集装箱运输规则》第26条规定,到达的集装箱,应于承运人发出领货通知的次日起算,2日内领取集装箱货物,并于领取的当日内将箱内货物掏完或将集装箱搬出。集装箱货物(含空自备箱)在车站存放超过上述免费仓储期限,应按规定核收仓储费。按此规定,该20箱货物超出免费仓储期限4天,应就该期间核收仓储费。②《铁路集装箱运输规则》第28条规定,托运人或收货人使用铁路箱超过下列期限,自超过之日起核收集装箱延期使用费:到达的集装箱,应于承运人发出领货通知的次日起算,2日内领取集装箱。集装箱出站的,重去空回或空去重回时,应于领取的次日送回。按此规定,该收货人需缴纳6日的铁路集装箱延期使用费。③《价规》第42条规定,门到门运输时,货物仓储费在应收该费时间段的前三日,按表4规定费率的50%计费,自第四日起,允许铁路局根据各地的不同情况适当浮动,上浮幅度最大不得超过规定费率的100%,下浮不限。根据题内条件可知,自第四日起,该站仓储费执行《价规》表4规定费率。④铁总运电〔2017〕55号第六项规定,对20英尺箱,在应收延期使用费的前5日内，仍按10元/箱日的优惠标准执行，自第6日起取消优惠，恢复至60元/箱日。

(3)应核收费用：

仓储费：

75×50%×3×20+75×1×20=3 750.0(元)

集装箱延期使用费：

10×5×10+1×60×10=1 100.0(元)

合计：

3 750.0+1 100.0=4 850.0(元)

十四、示例14

2019年5月15日，A站往D站发运批量混装货物29.45 t/103 m^3，使用标重60 t的P63K型棚车装运，托运人装车，运行至中途站B站时，托运人要求变更至C站，B站按规定受理了变更，问：1. A站制票应收费用？2. B、C站各应如何处理？A—D运价里程2 500 km、电化里程2 500 km，A—B运价里程1 200 km、电化里程1 200 km，B—C运价里程、电化里程900 km(装卸费不计)。

解：

(1)A站

A—D运价里程2 500 km，电化里程2 500 km，批量混装货物按4号运价率计费，16.3/0.098，根据铁总货电〔2018〕17号、货价电〔2018〕195号文件，该轻泡货物计费重量为103×333/1 000=34.30 t。

运费：

(16.3+0.098×2 500)×34.3×0.991 1+0.007×34.3×2 500=9 483.1(元)

铁路建设基金：

0.033×0.991 1×2 500×34.3=2 804.6(元)

印花税：

0.000 5×9 483.10=4.7(元)

A 站核收合计：

9 483.1+2 804.6+4.7=12 292.4(元)

(2)B 站

受理变更，根据《铁路货运票据电子化作业办法》第 35 条 B 站应审核运单托运人存查联、领货凭证、货物运输变更要求书，并报铁路局集团公司同意后方可受理，在货票系统中录入货物运输变更要求书，运单状态变为“变更完成”，并在纸质运单托运人存查联、领货凭证上修改相关信息，加盖车站日期戳或带有站名的人名章后交托运人。B 站还应电知 C 站及其主管铁路局收入部门和 A 站。

(3)C 站

根据《价规》第 47 条三款货物发送后，托运人或收货人要求变更到站时，运费应按发站至处理站，处理站至新到站分别计算，由新到站向收货人清算。《价规》中铁路建设基金计算核收办法第 7 条，货物承运后发生运输变更时，按《价规》处理运费的方法处理。

运费：

(A—B)+(B—C)−(A—D)={(16.3+0.098×1 200)×34.3×0.991 1+0.007×34.3×1 200}+{(16.3+

0.098×900)×34.3×0.9911+0.007×34.3×900}−9483.10=−874.6(元)

铁路建设基金：

(0.033×0.9911×1200×34.30)+(0.033×0.9911×900×34.30)−2804.6=−448.8(元)

C站使用车站退款证明书退运费874.6元，退铁路建设基金448.8元。

十五、示例15

柳州南营业部2019年7月20日当天：

A专用线距车站中心3.8 km，一次作业能力5车。铁路机车早上4时30分送重敞、棚车各4辆进行作业(其中2棚车先卸后装)，5时送至专用线卸车地点并交接完毕，10时30分又送入重敞车3车卸，空自备罐车1车装，此时专用线通知车站卸空棚、敞车各2辆并由车站取回，下午17时40分该专用线所有车辆装卸作业完毕并通知车站，调车机取回重棚车2辆、重自备罐车1辆和其余的全部空车。

当日营业部货场内交付一车敌敌畏(二级毒性物质，危编号61875)，经查该车为7月13日到达、卸车，卸车当日发出领货通知，(仓储费按国铁集团规定执行)。请计算柳州南营业部7月20日当天实际产生的杂费。

解：

(1)取送车费：3.8×2取整得8，共12车，总取送车费：8×8.1×12=777.6(元)

货车延期占用费：

第1批作业5时送入，10时30分取回的空敞、棚各2车：

按第1批计算，实际作业时间为6 h，

(6－4)×4×5.7＝45.6(元)

第1次5时送入，17时40分取回的1车敞车：

按第1批计算，实际作业时间为13 h，

(13－4)×1×5.7＝51.3(元)

第1次5时送入，17时40分取回的1车敞车：

按第2批计算，实际作业时间为13 h，

(13－8)×1×5.7＝28.5(元)

第1次5时送入，17时40分取回的卸、装2车棚车：

按第2批计算，实际作业时间为12 h 40 min，而此次作业的标准作业时间为12 h 30 min，延长时间不足30 min，不计算。

第2次10时30分送入，17时40分取回的3车敞车：

按第1批计算，实际作业时间为7 h，

(7－4)×3×5.7＝51.3(元)

第2次10时30分送入、按第1批计算，17时40分取回的1车重自备罐车免收货车延占费：

A专用线产生货车延期占用费：

45.6＋51.3＋28.5＋51.3＝176.7(元)

专用线产生杂费：

777.6＋176.7＝954.3(元)

(2)货场内产生货物仓储费:根据《价规》可知,危险货物仓储费按普通货物费率加100%计算,从卸车的次日起免费保管两日,即免费保管期间为14日、15日两日。16日、17日、18日,从应收仓储费之日起前三天按规定费率的50%核收仓储费:

150.0×(1+100%)×50%×1×3=450.0(元)

自第四日起仓储费按规定费率核收,即19日、20日仓储费

150.00×(1+100%)×1×2=600.0(元)

合计:

450.0+600.0=1050.0(元)

柳州南营业部20日当天合计应核收杂费:

954.3+1050.0=2004.3(元)

十六、示例16

2019年4月3日,银川南站到达重晶石(2号运价1车,发站广元南,计费重量63 t,到站轨道衡检斤货物重量66 t,当日发出领货通知并卸车完了。货物执行"竞争性一口价"运输,一口价包括:站到站运费、到站装卸费,价差系数-20%。4月4日收货人来车站办理交付手续,要求送货上门,送货里程18 km。到站如何办理,说明理由?计费里程573 km,基金里程573 km,电化里程:573 km,兰渝(成)24 km,兰渝(兰)456 km。2号运价基价1:9.5元/t,基价2:0.086元/吨公里,兰渝线运价率:0.184元/吨公里。重晶石粉装卸费15.1元/t。(托运人

自装。)

解:(1)重晶石执行“竞争性一口价”,基价 1:9.50 元/t,基价 2:0.086 元/吨公里。

(2)铁总运电〔2013〕53 号修改《价规》第 48 条:到站发现货物实际重量超过发站确定的计费重量时,对超过部分应按该批货物适用的运价率补收全程正当运费。应补超吨重量 66－63＝3(t)的全程正当运费。

(3)铁总运〔2013〕39 号第二点:接取送达费计算:起码里程 10 km,之后里程 8、9 进。整车货物起码里程 10 公里的费率 13 元/t,超过起码里程后每公里费率 0.6 元/t。到站接取送达里程为 20 km。

(4)按《关于明确铁路货运价格管理有关事项的通知》(铁总价〔2015〕294 号)规定最低装卸费,发局按《铁路门到门运输一口价实施办法(暂行)》(铁总运〔2013〕40 号)公布的基准费率的 50%执行、到局按 70%执行,最低接取送达费按公布的基准费率执行。

(5)《铁路运输收入管理规程》第十七条规定,到站用运费杂费收据补收费用,将处理情况发电报通知发站及双方收入管理部门。

(6)计算费用:

运费:

(9.5＋0.086×573)×3×(1－20%)×0.991×0.9911＋0.007×573×3＝150.6(元)

铁路建设基金:

0.033×573×3×(1－20%)×0.991×0.9911＝

44.6(元)

兰渝(成)：

0.184×24×3×(1−20%)×0.9911=10.5(元)

兰渝(兰)：

0.184×456×3×(1−20%)×0.9911=199.6(元)

到站装卸费：

15.1×3×70%=31.7(元)

接取送达费：

66×13+(20−10)×0.6×66=1254.0(元)

运杂费合计：

150.6+44.6+10.5+199.6+31.7+1254.0=1691.0(元)

十七、示例17

2019年3月28日16时某单位业务员将60t石料卸入A站货场存放，4月2日11时30分提出运单办理托运到B站，A站当日使用2个铁路35t敞顶箱(该箱不在特种箱号段)，用一辆70t敞车装运，站到站运输，执行“一口价项目”价差系数−35%，计算发站应收费用。(仓储费按国铁集团标准，计费里程90km、长荆线里程71km、电气化里程90km、京九里程23km。)

解：

(1)依《价规》42条和国家铁路杂费收费项目和收费标准，货物承运前和交付后仍在车站仓储，或货物仅在车站仓储时，按实际仓储期间核收仓储费，承运前仓储天数:3 月 28 号 16 时至 4 月 2 日 11 时 30 分共计 5 天,仓储费率:2.5 元/吨日;依铁总价电〔2016〕67 号,35 t 敞顶箱按所装货物适用的整车运价号、运价率及运价里程计费,铁路建设基金、电气化附加费、特定线路运费和特定加价运费按照整车相关政策执行。

(2)石料 2 号运价,基价 1:9.5 元/t,基价 2:0.086 元/吨公里,35 t 敞顶箱装运货物时计费重量与整车保持一致,装运焦炭(03)、钢铁(0520、0530、0571、0573、0574)时,仍按实重计费;装运其他货物时,计费重量按 32 t 计算,计费重量合计为 64 t。依铁总货电〔2018〕57 号,20 英尺 35 t 敞顶箱装卸费(吊装吊卸费)按 20 英尺通用箱标准执行。

(3)依铁总价〔2015〕294 号,当运费下浮时,除最低的装卸费和接取送达费,其他杂费一律不得收取,最低的装卸费,发局按铁总运〔2013〕40 号公布的基准费率的 50%执行,到局按 70%执行。

仓储费:

2.5×60×5=750.0(元)

运费:

(9.5+0.086×90)×0.991 1×64×(1−35%)+0.007×90×64=751.1(元)

铁路建设基金:

0.033×0.991 1×90×64×(1−35%)=122.5(元)

长荆运费:

0.167 1×0.991 1×71×64×(1−35%)=489.2(元)

京九分流:

0.006×0.9911×23×64×(1－35%)＝5.7(元)

集装箱使用费:0

发站装卸费:

195×50%×2＝195.0(元)

到站装卸费:

195×70%×2＝273.0(元)

印花税:

(751.1＋489.2＋5.7)×0.0005＝0.6(元)

运杂费合计:

750.0＋751.1＋122.5＋489.2＋5.7＋195.0＋273.0＋0.6＝2587.1(元)

十八、示例18

某站2019年5月5日到达氢氧化钠(铁危编号82001)4车,各重60t,车站于5月5日发出领货通知,收货人于5月15日到车站办理领取货物手续并将货物搬出,请计算车站应核收的货物仓储费。仓储费执行国铁集团标准。

解:

(1)氢氧化钠为危险货物,根据《价规》42条规定,危险货物仓储费按普通货物费率加100%计算。

(2)从车站发出领货通知的次日起免费保管两日,即5月6日、7日为免费保管期。5月8日、9日、10日,即应收仓储费之日起前3天按规定费率的50%核收仓储费。自第四日起仓储费按规定费率核收,即5月11日至15

日，共5天。

前3天仓储费：

(150×0.5)×(1+100%)×3×4=1 800.0(元)

后5天仓储费：

150×(1+100%)×5×4=6 000.0(元)

仓储费合计：

1 800.0+6 000.0=7 800.0(元)

十九、示例19

A站发B站的胶合板(1041003)一车，56 t使用P62型棚车装运，运单记载：运费合计9 796.60元，铁路建设基金2 903.00元，印花税4.90元，货物保价费100元，合计12 804.50元；货运一口价，批量快运，站到站运输。A站到B站运价里程1 585 km，电气化里程691 km。卸车发现为甘蔗渣板(1041002)，到站应如何处理？

解：

甘蔗渣板(1041002)属于木材类，整车按实重计费，非批量品名，计费重量应为56 t。匿报品名为胶合板，按整车全程运费核收二倍违约金，不另补收差额。

运费：

[(18.6+0.103 0×1 585)×56×0.991×0.991 1+0.007×691×56]×2=20 546.6(元)

整车(甘蔗渣板)建设基金：

0.033×56×1 585×0.991×0.991 1=2 876.9(元)

2 903.0−2 876.9=26.1(元)，按《价规》附录三第8

条,承运后发现托运人匿报、错报货物品名,致使铁路建设基金少收时,按正当建设基金补收差额外,另核收差额等额的违约金。此题建设基金未少收,因此,不补收建设基金及违约金。

二十、示例 20

某单位托运河砂 40 t 从龙川站装车至 B 点区间卸车,如图 8-2 所示。

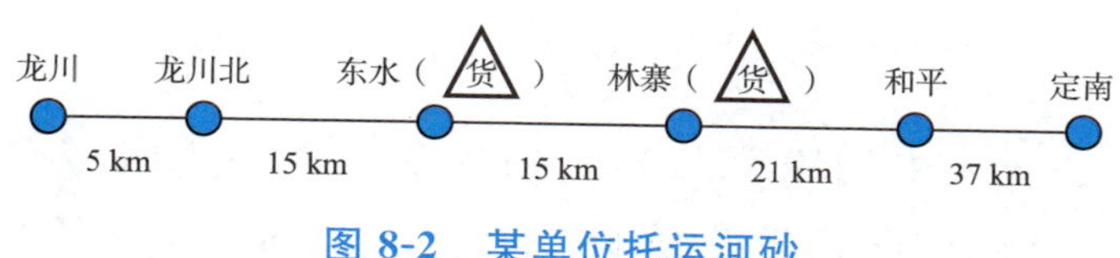

图 8-2　某单位托运河砂

货运站系统配 C64K 4962829 装运,核算员该如何填制运单?发到站均由铁路负责装卸,试计算龙川站应收哪些费用?已知:该线为合资铁路,整车运价率 0.16 元/吨公里,装卸费 11.20 元/t。

解:核算员计费打印前,应复核货运站推送的运单发、到站是否符合《广铁集团铁路货运票据电子化作业补充规定》第 18 条规定,承运人记事栏是否记明起讫站名,发站为龙川站,到站为龙川北站,区间卸车,按前方货运站计费,并选择标准记事 804“卸车前方站”,输入 B 点前方货运站和平站的电报码。

运费:

(5＋15＋15＋21)×0.16 ×61 ×0.9911 ＝541.7(元)

印花税：

541.7 ×0.000 5＝0.3(元)

发站装卸费：

11.20 ×61＝683.2(元)

到站装卸费：

11.20×61＝683.2(元)

合计：

541.7＋0.30＋683.2＋683.2＝1 908.4(元)

二十一、示例 21

A 站某专用线发 B 站货场整车一辆，货物品名医疗器械，货物实际重量 50 t，随车押运人一名。该运输执行一口价浮动，价差系数＋10%，请根据既有条件计算有关费用。已知：(1)A 站中心线到该专用线最长线路终端长度为 2 387 m；(2)该车标记载重量为 60 t；(3)A、B 站均为国铁车站，A 站到 B 站间国铁运价里程 2 100 km，电气化里程 860 km，途经一段非电气化特价线路，里程 500 km，该特价线路通过运价执行国铁统一运价水平。

解：铁总价电〔2016〕206 号规定，一口价上浮时，先调整运费，再调整杂费，杂费调整按既有规定执行。

医疗器械：6 号运价。

运费：

(26.0＋0.138×2 100)×60×(1＋10%)×0.991×0.991 1＋0.007×860×60＝20 471.4＋361.2＝20 832.6(元)

铁路建设基金：

0.033×2 100×60×(1+10%)×0.991×0.991 1=4 492.3(元)

特价线路：

0.155 1×500×60×(1+10%)×0.991 1=5 072.7(元)

印花税：

(20 832.60+5 027.10)×0.000 5=12.9(元)

发站取送车费：2 387×2=4 774(m)，为 5 km。

5×8.10=40.5(元)

押运人乘车费：

3×(2 100+500)÷100=78.0(元)

合计：

20 832.6+4 492.3+5 072.7+12.9+40.5+78.0=30 529.0(元)

二十二、示例 22

某托运人从甲站某专用线(专用线长度 5.46 km)使用 B20 型机械冷藏车(5 辆型)一组，装运蔬菜 102 t 到乙站果蔬专用线(专用线长度 4.2 km)，途中不需要制冷，并在记事栏内注明托运人不支付到站杂费。到达乙站后接到发站电报，托运人要求变更收货人，收货人因不能按时卸车，要求租用 3 日，计算发、到站应核收的运杂费。已知：运价里程 663 km，电化里程 663 km，基金里程 663 km。

解：B20 型机械冷藏车计费重量为 42 t，工作车不收费，则 B_{20} 型机械冷藏车组（5 辆型）的计费重量为 168 t。机械冷藏车运价率基价 1 为 20 元/t，基价 2 为 0.14 元/吨公里，《价规》第 27 条，机械冷藏车不需制冷时运价率减 20%。

（1）甲站应核收的运杂费：

运费：

$(20.00+0.140\times663)\times168\times(1-20\%)\times0.991\times0.9911+0.007\times168\times663=14\,892.8+779.7=15\,672.5$（元）

基金：

$0.033\times663\times168\times0.991\times0.9911=3\,610.2$（元）

发站取送车费：

$5.46\times2=11$（km）　$11\times8.1\times5=445.5$（元）

印花税：

$15\,672.5\times0.0005=7.80$（元）

合计：

$15\,672.5+3\,610.2+445.5+7.8=19\,736.0$（元）

（2）乙站应核收的运杂费：

到站取送车费：

$4.20\times2=9$（km）

$9\times8.1\times5=364.5$（元）

车辆使用服务费：$660.00\times3=1\,980.0$（元）

合计：

$364.5+1\,980.0=2\,344.5$（元）

二十三、示例 23

娄底东站货场 8 月 5 日分别发送两辆整车卷钢(0530055),一辆到站为大朗站(车号:C64 4804251,票号:V004512,车辆标重:61 t,票据记载货物重量 58 t,铁重 57 t),另一辆到站为三眼桥站(车号:C64 4859623,票号:V004513,车辆标重:61 t,票据记载货物重量 57 t,铁重 58 t),均由承运人组织装车,凭电子运单运输。8 月 7 日两车卷钢按票据记载到达大朗站和三眼桥站。卸车前两到站发现所装货物型号与票据记载不符,经与发站、托运人、收货人核实,因发站娄底东站货运员误将到达大朗站、三眼桥的货物装至对方车辆上,所装货物车辆票据记载到站与客户实际需求不符,随即停止卸车作业。娄底东站货运安全员于 8 月 7 日拍发电报通知大朗站、三眼桥站,因铁路方责任发生误运送,提出将两车分别向正当到站回送。8 月 8 日大朗站、三眼桥站接到电报后,于 8 月 10 日联系票据记载的收货人将两车到达卷钢在货运站系统办理卸车和交付手续后(实际未卸车),凭娄底东站拍发的电报在货运站系统编写普通记录,凭打印的普通记录继运到正当到站卸车,正当到站手工办理货物交付手续(未通过货运票据电子化相关系统办理)。请根据《铁路货物运输规程》《铁路货物损失处理规则》《铁路货运票据电子化作业办法》的相关规定分析大朗站、三眼桥站的处理方法存在哪些问题?正确的处理方法是什么?

解:本题属于误运送货物的处理。大朗站、三眼桥站的处理方法存在以下问题：

(1)大朗站、三眼桥站在货运站系统编制普通记录并凭普通记录继运不正确，应使用铁路保价运输管理系统编制货运记录并凭货运记录继运。

(2)大朗站、三眼桥站办理交付手续不符合承运人责任误运送处理流程，因为办理交付手续后若要继运只能重新托运。

(3)大朗站、三眼桥站办理交付手续不符合《铁路货运票据电子化作业办法》第32条的规定。未办理过变更手续的货物在票据记载到站办理交付手续时只有票据记载的收货人或其委托领货人员才有资格办理，委托他人领取货物时应同时核实领货凭证、收货人身份证复印件、被委托人身份证原件和委托书。

(4)未通过货运票据电子化相关系统办理继运和在最终到站办理货物交付手续，不符合《铁路货运票据电子化管理暂行办法》(铁总货〔2018〕40号)的相关规定。

(5)整车钢材按实重计费，最终到站票据记载货物重量与实际重量不符，未退补相关费用。

正确的处理方法为：大朗站、三眼桥站凭娄底东站拍发的电报使用铁路保价运输管理系统编制货运记录，凭货运记录向正当到站回送。车辆到达正当到站后，正当到站按规定通过货运站系统组织卸车，凭打印的原到站存查联、娄底东站拍发的电报、货运记录、原领货凭证通过货票系统办理交付手续。货运核算员计算原票据记载发站至正当到站的运杂费，与原票据记载的运杂费对比，按多退少补退补相关运杂费，若运到逾期，还应支付相应的逾期违约金。

附　　录

附录 1

政府指导价铁路整车货物运价率表

办理类别	运价号	基价 1		基价 2	
		单位	标准	单位	标准
整车	1	—	—	元/轴公里	0.525
	2	元/t	9.50	元/吨公里	0.086
	3	元/t	12.80	元/吨公里	0.091
	4	元/t	16.30	元/吨公里	0.098
	5	元/t	18.60	元/吨公里	0.103
	6	元/t	26.00	元/吨公里	0.138
	机械冷藏车	元/t	20.00	元/吨公里	0.140

附录 2

实行市场调节价的铁路整车运输货物品类表

序号	品类名称	包含主要货物种类
1	矿物性建筑材料(08)	土、砂、石、石灰；砖、瓦、砌块；水泥制品；玻璃；玻璃纤维及其制品；其他矿物性建筑材料
2	水泥(09)	水泥；水泥熟料
3	木材(10)	原木；锯材；木片；人造板材
4	盐(14)	食用盐；非食用盐
5	金属制品(16)	金属结构及其构件；金属工具、模具；铝制器皿、搪瓷制品；其他金属制品
6	工业机械(17)	普通机械设备；运输工具(不含挂运与自行的铁路机车、车辆及轨道机械)；仪器、仪表、量具
7	电子、电气机械(18)	电力、通信、广播电视设备；日用电器；电子计算机及其外部设备；其他电子、电器机械及器材
8	饮食品及烟草制品(22)	食糖；食品；饮料；烟草制品；其他烟草制品
9	纺织品。皮革、毛皮及其制品(23)	丝、毛、化学纤维、纱、线；纺织品、针织品；鞋、帽、服装及其他编织、缝纫品；皮革、毛皮及其制品
10	纸及文教用品(24)	纸浆；纸及纸制品；印制品；其他文教用品
11	医药品(25)	中药材；中成药、西药及其他医药品
12	其他货物(不含饲料、有机肥、特定货物)(99)	家具、搬家货物、行李、日用杂品；动植物油脂、冰、水；动植物残余物；浆粕、废碎物品；工艺品、展览品；特定集装化用具

附录 3

市场调节价铁路零担、集装箱及整车运价率表

办理类别	运价号	基价 1		基价 2	
		单位	标准	单位	标准
整车	1	—	—	元/轴公里	0.525
	2	元/t	9.50	元/吨公里	0.086
	3	元/t	12.80	元/吨公里	0.091
	4	元/t	16.30	元/吨公里	0.098
	5	元/t	18.60	元/吨公里	0.103
	6	元/t	26.00	元/吨公里	0.138
零担	21	元/10 kg	0.22	元/10 千克公里	0.00111
	22	元/10 kg	0.28	元/10 千克公里	0.00155
集装箱	20 英尺箱	元/箱	440	元/箱公里	3.185
	40 英尺箱	元/箱	532	元/箱公里	3.357

运费计算办法：

整车货物每吨运价＝基价 1＋基价 2×运价公里

零担货物每 10 kg 运价＝基价 1＋基价 2×运价公里

集装箱货物每箱运价＝基价 1＋基价 2×运价公里

附录 4

铁路建设基金核收办法

1. 铁路建设基金按国铁正式营业线和实行统一运价的运营临管线的运价里程计算。铁路建设基金由发站一次核收。

2. 国际联运国内段铁路建设基金，出口货物由发站核收，进口货物由国境站核收。

军事运输也按规定的费率核收铁路建设基金。

3. 铁路建设基金的计费重量：整车、零担货物按该批运费的计费重量计算，集装箱货物按箱计费。

货物运单内分项填记重量的货物，按运费计费重量合并计算。

4. 铁路建设基金的尾数不足 1 角按四舍五入处理。

5. 免收运费的货物、站界内搬运的货物免收铁路建设基金。

6. 货物承运后发生运输变更时，按《价规》处理运费的方法处理。

7. 承运后发现托运人匿报、错报货物品名，致使铁路建设基金少收时，到站除按正当铁路建设基金补收差额外，另核收该差额等额的违约金。

8. 国铁的正式营业线和实行统一运价的运营临管线按“铁路建设基金费率表”规定的费率核收铁路建设基金。

铁路建设基金的计算公式为：铁路建设基金＝费率×计费重量（箱数或轴数）×运价里程。

铁路建设基金费率表

<table>
<tr><th colspan="3">项目
种类</th><th>计费单位</th><th>农药</th><th>磷矿石</th><th>其他货物</th></tr>
<tr><td colspan="3">整车货物</td><td>元/吨公里</td><td>0.019</td><td>0.028</td><td>0.033</td></tr>
<tr><td colspan="3">零担货物</td><td>元/10 千克公里</td><td>0.000 19</td><td colspan="2">0.000 33</td></tr>
<tr><td colspan="3">自轮运转货物</td><td>元/轴公里</td><td colspan="3">0.099</td></tr>
<tr><td rowspan="4">集装箱</td><td colspan="2">20 英尺箱</td><td>元/箱公里</td><td colspan="3">0.528 0</td></tr>
<tr><td colspan="2">40 英尺箱</td><td>元/箱公里</td><td colspan="3">1.122 0</td></tr>
<tr><td rowspan="2">空自备箱</td><td>20 英尺箱</td><td>元/箱公里</td><td colspan="3">0.264 0</td></tr>
<tr><td>40 英尺箱</td><td>元/箱公里</td><td colspan="3">0.561 0</td></tr>
</table>

注：

1. 整车化肥、黄磷、豆饼、豆粕免征铁路建设基金。
2. 经兰新线红柳河—乌鲁木齐段入疆的玻璃(0840)、钢材(0530)、铝材(0571)运输和出疆的纺织品(23)运输，免收该段铁路建设基金。经兰新、南疆、青藏铁路运往内地方向的鲜活(20)、农副(21)、饮食品(22)、纺织品(23)，在兰新线武威以西段、南疆线、青藏线免收铁路建设基金。
3. 整车运输的稻谷(1110)、小麦(1120)、大米(1130)、小麦粉(1140)、玉米(1150)、大豆(1160)、籽棉(1210)、皮棉(1220)免征铁路建设基金。
4. 经铁路运输的出口稻谷(1110)、小麦(1120)、大米(1130)、小麦粉(1140)、大豆(1160)，收取铁路建设基金。
5. 哈尔滨、沈阳铁路局发运，经山海关入关的稻谷(1110)、小麦(1120)、大米(1130)、小麦粉(1140)、玉米(1150)、大豆(1160)整车运输，按每吨 18 元收取铁路建设基金。
6. 经山海关入关运输的出口粮食，不再核收每吨 18 元的铁路建设基金。

附录 5

电气化附加费费率表

项目 种类	计费单位	费率
整车货物	元/吨公里	0.00700
零担货物	元/10 千克公里	0.00007
自轮运转货物	元/轴公里	0.02100

附录 6

电气化区段表

顺号	线名	电化区段	区段里程	《里程表》页数	备注
1	津山线	南仓—山海关	303	232～233	
2	天津北环线	南仓—北塘	49	234	
3	丰台西线	丰台—丰台西	5	309	
4	丰双线	丰台—双桥	37	309	
5	京哈线	北京—哈尔滨	1 257	225～227	
6	塘沽线	塘沽—新港	11	237	
7	京包线	沙城—包头东	696	397～399	
8	大秦线	韩家岭—柳村南	652	392～393	
9	段大线	段甲岭—大石庄	7	393	
10	丰沙线	丰台—沙城	104	406	
11	京广线	丰台—棠溪	2 281	363～372	
12	武昌南环线	武昌南—武昌东	30	384	
13	孟宝线	孟庙—平顶山西	102	378	
14	石太线	石家庄南—太原北	242	498～499	
15	北同蒲线	大同—太原北	347	409～410	
16	玉门沟线	太原北—玉门沟	22	412	
17	太焦线	长治北—焦作北	170	416	
18	汉丹线	汉西—老河口东	372	427	
19	襄渝线	老河口东—重庆西	837	450～452	
20	鹰厦线	鹰潭—厦门	694	341～345	
21	沪昆线	上海—昆明	2 638	553～562	
22	改湖线	改貌—湖潮	27	572	

续上表

顺号	线名	电化区段	区段里程	《里程表》页数	备注
23	贵大线	大土—贵阳南	13	571	
24	陇海线	连云港东—兰州西	1 781	508—514	
25	兰新线	兰州北—阿拉山口	2 405	528—533	
26	西固城线	兰州北—西固城	10	533	
27	焦柳线	月山—怀化南	1 199	418～423	
28	怀化南线	怀化—怀化南	4	427	
29	宝成线	宝鸡—八里	673	461～464	
30	阳安线	阳平关—安康	357	465～466	
31	成渝线	成都—重庆	504	488～490	
32	川黔线	重庆西—贵阳南	444	453～455	
33	贵西线	贵阳南—贵阳西	8	571	
34	漳州线	郭坑—漳州	11	347	
35	包兰线	包头东—兰州西	1 006	517～521	
36	太岚线	太原北—镇城底	55	412	
37	口泉线	平旺—口泉	10	411	
38	宝中线	虢镇—迎水桥	502	526～527	
39	干武线	干塘—武威南	172	524～525	
40	汤鹤线	汤阴—鹤壁北	19	376	
41	马磁线	马头—新坡	12	375	
42	侯月线	侯马北—莲东	221	504	
43	石汝线	石嘴山—汝箕沟	82	524	
44	成昆线	成都—昆明东	1 108	469～475	
45	小南海线	重庆西—小南海	12	456	
46	沙坪坝线	重庆西—沙坪坝	18	456	

续上表

顺号	线名	电化区段	区段里程	《里程表》页数	备注
47	中梁山线	重庆西—中梁山	15	456	
48	湖大线	湖东—大同东	21	393	
49	渡口线	三堆子—密地	10	476	
50	广州西线	棠溪—广州	3	387	
51	广九线	广州—深圳北	147	387	
52	成都北线	青白江—八里	37	469	
53	外南线	外洋—南平南	29	345	
54	峰福线	南平南—福州东	158	348	
55	福马线	福州东—樟林	4	349	
56	沈大线	沈阳北—沙河口	396	293～294	
57	大连北线	沙河口—大连北	4	294	
58	盘西线	沾益—柏果	94	575	
59	内六线	内江—豆坝	134	495～496	
60	六盘水南线	双水—马嘎	21	574	
61	新焦线	新乡—月山	79	505	
62	成都西线	成都南—郫县	22	475	
63	京沪线	北京—上海	1 450	303～308	
64	济南线	桥南—党家庄	33	310	
65	南京西线	南京—南京西	4	314	
66	徐州西线	夹河寨—徐州西	12	514	
67	向梁线	向塘西—梁家渡	6	358	
68	向潭线	向塘西—潭岗	11	359	
69	胶济线	济南—青岛	385	316～317	
70	南改线	贵阳南—改貌	6	571	

续上表

顺号	线名	电化区段	区段里程	《里程表》页数	备注
71	济晏线	济南—晏城北	41	310	
72	杭州线	笕桥—白鹿塘	42	564	
73	荆门东线	荆门—荆门东	5	426	
74	胶黄线	胶州—黄岛	39	322	
75	鸡杨线	鸡公山—杨寨	43	380	
76	金窑线	金州—金港	21	295	
77	沈山线	山海关—沈阳	426	239～240	
78	皇姑屯线	沈阳—沈阳西	15	240	
79	沟海线	沟帮子—唐王山	101	299	
80	沙鲅线	沙岗—鲅鱼圈北	14	297	
81	宁岢线	宁武—岢岚	95	411	
82	黔桂线	柳州南—龙里	574	458～459	
83	石德线	石家庄—德州	212	497	
84	兰青线	兰州北—西宁	198	542	
85	抚顺线	沈阳南—抚顺北	59	300	
86	萧甬线	杭州南—宁波	145	564～565	
87	京九线	北京西—定南	2 005	349～355	
88	津霸线	北仓—霸州	73	356	
89	麻武线	麻城—武汉北	80	357	
90	武九线	武昌东—九江西	218	381	
91	鄂州西线	樊口—鄂州	8	382	
92	大冶线	铁山—罗家桥	12	383	
93	峰福线	横峰—南平南	251	347	
94	上铅线	上饶—铅山西	47	568	

续上表

顺号	线名	电化区段	区段里程	《里程表》页数	备注
95	武昌东线	滠口—武昌东	19	380	
96	南昌西环线	乐化—向塘	62	358	
97	新石线	新乡—日照	635	506～507	
98	玉门南线	玉门—玉门南	33	534	
99	蓝烟线	蓝村—烟台	183	322	
100	下隔线	下辛店—长江埠	12	428	
101	鸦宜线	鸦雀岭—宜昌东	26	427	
102	南同蒲线	榆次—侯马北	305	413～414	
103	介西线	介休—阳泉曲	46	415	
104	嘉镜线	嘉峪关—镜铁山	74	534	
105	茶高线	茶坞—高各庄	8	393	
106	京承线	双桥—高各庄	47	242	
107	青藏线	西宁—格尔木	829	543～544	
108	成花线	成都北—花龙门	56	468—1	
109	渝怀线	团结村—怀化	621	493～494	
110	墟沟北线	连云港东—墟沟北	7	514—1	
111	集包线	古营盘—包头西	351		
112	兰州北环线	桑园子—兰州西	74		
113	兰水线	兰州北—水源	24		
114	陈官营线	兰州北—陈官营	18		
115	衡柳线	太山所—柳州	499		
116	衡柳联络线衡太段	衡阳—太山所	12		
117	遂渝线	遂宁—北碚	129	491	

续上表

顺号	线名	电化区段	区段里程	《里程表》页数	备注
118	西合线	新丰镇—合肥东	953	548～549	
119	南阳西线	南阳—南阳西	8	552	
120	青鹧联络线	青茅—鹧鸪江	10		
121	邕南线	邕宁—南宁南	45		
122	广昆线广温段	广通北—温泉	121		
123	甸尾联络线	广通北—甸尾	4		
124	湘桂线	柳州南—屯里	236		
125	闫金联络线	闫家楼所—金州	6		
126	西安北环线	新丰镇—茂陵	67		
127	包西线	新丰镇—张桥	41		
128	瓦长线	瓦房店—长兴岛港	79		
129	滨绥线	牡丹江—绥芬河	137		
130	侯阎线	禹门口—芝阳	47		
131	侯阎线	南永宁—张桥	96		
132	田东线	田义屯—东陵	17		
133	虎辉线	虎石台—辉山	6		
134	沈吉线	沈阳北—抚顺北	44		
135	湖雍线	湖潮—林歹南	31		
136	林歹线	林歹南—林歹	3		
137	小厉线	小林—厉山	70		
138	宁波北环线	宁波北—云龙	41		

续上表

顺号	线名	电化区段	区段里程	《里程表》页数	备注
139	石家庄西环线	正定—平南	43		
140	石南线	平南—石南	6		
141	邯长线	邯郸—长治北	220		
142	滨洲线	哈尔滨—虎尔虎拉	308		
143	哈万线	哈尔滨南—万乐	43		
144	平齐线	三间房—齐齐哈尔	30		
145	通让线	壮志—大庆西	5		
146	通霍线	通辽—霍林河	417		
147	大郑线	大虎山—双辽	370		
148	黎湛线	黎塘—玉林	143		
149	昆阳线	读书铺—昆明	39		
150	阜淮线	阜阳—淮南西	120		
151	大张线	大通—淮南西	9		
152	田家庵线	水家湖—大通	22		
153	淮南线	水家湖—芜湖东	202		
154	宁芜线	芜湖东—芜湖	14		
155	敦煌线	马海—饮马峡	200		
156	饮马峡西联络线	饮马峡北—饮马峡西	6		
157	高新线	高台山—新立屯	61		
158	平齐线	四平—双辽	90		
159	胶新线	胶州—新沂西	303		
160	临沂北线	临沂北—沭埠岭	7		
161	瓷莱线	瓷窑—莱芜东	120		

续上表

顺号	线名	电化区段	区段里程	《里程表》页数	备注
162	辛泰线	东风—泰山	162		
163	芦草沟线	乌西—芦草沟	34		
164	滨北线	哈尔滨南—徐家	36		
165	哈尔滨东线	哈尔滨南—哈尔滨东	32		
166	滨绥线	哈尔滨南—新香坊	15		
167	长白线	长春—白城	333		
168	白阿线	白城—乌兰浩特	87		
169	枣临线	枣庄西—枣庄东	31		
170	沙岭子联络线	沙岭子—沙岭子西	6		
171	滨州线	海满—满洲里	261		

附录 7

批量零散货物快运品类范围(106 类)

序号	代码	货物品类
1	260026	机油
	260041	润滑油
2	1021001	板材
3	1030001	木片
4	1041003	胶合板
	1041009	普通人造板
	1041010	人造板
	1041014	纤维板
	1041016	竹胶合板
5	1540	橡胶及其制品
6	1552	塑料管
7	1553	塑料制箱、桶、罐、盒、瓶、壳、痰盂
8	1554	泡沫塑料
9	1555	有机玻璃制品
10	1556	塑钢及其制品
11	1559	其他塑料制品
12	1560	油漆、涂料、颜料、染料
13	1593	炭黑。炭白
14	1595	石蜡。地蜡
15	1596	日用化工品
16	1610	金属结构及其构
17	1620	金属工具、模具
18	1639	其他铝制器皿、搪瓷制品

续上表

序号	代码	货物品类
19	1691	钢丝、铁丝。钢丝绳。钢绞线。金属紧固件
20	1692	铸铁管。瓦楞铁。金属接头、弯头
21	1693	金属制箱、桶、罐、盒、瓶、壳、痰盂
22	1699	其他杂项金属制品
23	1711001	柴油机
24	1715	铸、锻件。泵。普通机械零配件
25	1716	医疗器械
26	1719	其他机械设备
27	1723	组成的自行车
28	1724007	电动自行车
	1724026	三轮车
29	1725	拆解的运输工具。运输工具的零配件
30	1731	仪器、仪表
31	1732	仪器、仪表元、器件
32	1821	特定音像机器
33	1822	特定调温电器
34	1823	洗衣机
35	1829	其他日用电器
36	1830	电子计算机及其外部设备
37	1891	灯泡、电珠、灯管。高压汞灯。电子管。显像管
38	1892	灯具。灯罩。日光套灯
39	1893	电线。电缆
40	1899	其他杂项电子、电气机械及器材
41	2111	竹。藤

续上表

序号	代码	货物品类
42	2112	棕
43	2114	草秸、芦苇、芒秆
44	2115	干花朵、花瓣
45	2119	其他植物及其纤维
46	2121	竹片。竹蔑。竹筋。竹丝。竹刨花。竹扁担。竹抬杠。竹跳板
47	2122	草绳。棕线。棕绳。麻绳。笋壳绳。麻经。麻刀。纸筋。玉米芯
48	2126	草片。草垫。草袋。蒲包。蒲绒。芦花。竹、藤、棕、草、芦苇、树条及其他类似材料制的箱、筐、篓、篮、箩
49	2127	竹地板
50	2129	竹、藤、棕、草、芦苇、树条及其他类似材料制品
51	2131	杂木棍。木抬杠。木扁担。锄、镰、镐、锨、耙、杈的把
52	2132	软木板。软木砖(塞)
53	2133	木粉。榆皮粉
54	2135	木柴。木炭。板皮。锯末。刨花。木丝、松明子。树条。树的根、枝、叶、皮
55	2139	其他木材加工、副产品
56	2142	糖料
57	2151	烟叶
58	2152	烟梗。烟末。烟杆(秸)
59	2191	干蔬菜
60	2192	干果、子实、子仁、果核、果皮
61	2193	植物种子
62	2221	糖蜜。糖稀。蜂蜜。糖果。蜜饯果脯。果酱

续上表

序号	代码	货物品类
63	2222	方便面。饼干。蛋卷。粉条（丝）
64	2223	挂面、糕点及其他粮食复制品
65	2224	肉、蛋、奶制品。罐头
66	2226	酱腌菜
67	2227	食用植物油
68	2229	调味品及其他食品
69	2231	酒
70	2232	茶叶
71	2239	其他饮料
72	2241	卷烟
73	2249	其他烟草制品
74	2311	丝。化学纤维
75	2312	丝棉
76	2313	毛。绒毛。人造毛。毛条。羽绒
77	2314	纱
78	2315	毛线及其他纺线
79	2321	布。呢绒。绸缎
80	2322	毯。毡及毡制品
81	2329	其他针、纺织品
82	2331	鞋
83	2332	帽
84	2333	服装
85	2334	被。褥。帐
86	2339	其他编织、缝纫品

续上表

序号	代码	货物品类
87	2349	其他皮革、毛皮制品
88	2410	纸浆
89	2421	纸及纸板
90	2422	其他纸制品
91	2432	书籍
92	2439	其他印刷品
93	2491	文具。本册。教具。标本
94	2492	体育用品、演艺用品
95	2494	玩具。童车
96	2499	游乐用品及其他文教用品
97	2510	中药材
98	2520	中成药、西药及其他医药品
99	9912	竹、藤、树条及 类似材料制的家具
100	9913	其他材料制的衣箱、家具
101	9915	暖水瓶(胆)。保温瓶(胆)。眼镜
102	9916	玻璃器皿及其他玻璃制品
103	9919	其他陶瓷制品及日用杂品
104	9922	非食用植物油
105	9934	叶粉。叶粒。玉米芯粉。配合或复制饲料
106	9951	工艺品。塑料花及其他人造花

附录 8

整车货物装卸费基准费率表

代码			货物品类	整车装卸基准费率(元/t)	
				车站装卸费率	上门装卸费率
01	1	0	原煤	11.2	6.9
01	2	0	洗精煤	11.2	6.9
01	3	0	块煤	11.2	6.9
01	4	0	洗、选煤	11.2	6.9
01	5	0	水煤浆	11.2	6.9
01	9	0	其他煤	11.2	6.9
02	1	0	原油	5.8	
02	2	0	汽油	5.8	
02	3	0	煤油	5.8	
02	4	0	柴油	5.8	
02	5	0	重油	5.8	
02	6	0	润滑油、脂	15.1	9.3
02	9	0	其他成品油	15.1	9.3
03	1	0	焦炭	13.44	8.28
03	2	0	沥青焦、石油焦	15.1	9.3
04	1	0	铁矿石	11.2	6.9
04	2	0	放射性矿石	15.1	9.3
04	9	0	其他金属矿石	11.2	6.9
05	1	0	生铁	13.44	8.28
05	2	0	钢锭、钢坯	22.6	18.1
05	3	0	钢材	22.6	18.1
05	4	1	钢轨	22.6	18.1

续上表

代码			货物品类	整车装卸基准费率(元/t)	
				车站装卸费率	上门装卸费率
05	4	2	钢轨配件	22.6	18.1
05	5	1	铁合金	22.6	18.1
05	5	2	废钢铁	15.2	12.2
05	5	9	其他杂项钢铁	13.44	8.28
05	6	1	有色金属及其合金的锭	22.6	18.1
05	6	2	氧化铝、氢氧化铝、镁砂	22.6	18.1
05	7	1	有色金属及其合金加工材	22.6	18.1
05	7	2	有色金属粉	22.6	18.1
05	7	3	半导体材料	11.2	6.9
05	7	4	石油套管、油管	22.6	18.1
05	7	9	其他有色金属	15.2	12.2
06	1	0	硫铁矿	15.1	9.3
06	2	0	石灰石	15.1	9.3
06	3	0	铝矾土	13.44	8.28
06	4	0	石膏	15.1	9.3
06	9	1	油页岩	15.1	9.3
06	9	2	云母、石墨、石棉	15.1	9.3
06	9	3	金刚石(砂)刚玉　油石	22.6	18.1
06	9	9	其他杂项非金属矿石	15.1	9.3
07	0	0	磷矿石	15.1	9.3
08	1	1	泥土、色土、石灰	15.1	9.3
08	1	2	砂	11.2	6.9

续上表

代码			货物品类	整车装卸基准费率(元/t)	
				车站装卸费率	上门装卸费率
08	1	3	石料	13.44	8.28
08	1	4	石制品	13.44	8.28
08	2	0	砖 、瓦、砌块	13.44	8.28
08	3	1	水泥轨枕 桥梁	17.2	10.6
08	3	9	其他水泥制品	17.2	106
08	4	0	玻璃	22.6	18.1
08	5	0	玻璃纤维及其制品	13.44	8.28
08	9	1	陶管 缸管	13.44	8.28
08	9	2	建筑陶瓷、耐火、耐酸材料制品、玻璃、瓦	13.44	8.28
08	9	3	菱苦土及制品、铸石及制品、石膏板、石棉制品	13.44	8.28
08	9	4	陶粒 矿渣棉 膨胀蛭石及其制品	15.1	9.3
08	9	5	膨胀珍珠岩、岩棉及其制品	15.1	9.3
08	9	6	油毡	15.1	9.3
08	9	7	煤矸石	11.2	6.9
08	9	8	灰渣、矿渣、炉渣、水渣	15.1	9.3
09	1	0	水泥	15.1	9.3
09	2	0	水泥熟料	15.1	9.3
10	1	0	原木	17.2	10.6
10	2	1	板材、方材	17.2	10.6
10	2	2	枕木	15.2	12.2

续上表

代码			货物品类	整车装卸基准费率(元/t)	
				车站装卸费率	上门装卸费率
10	3	0	木片	17.2	10.6
10	4	1	普通人造板	17.2	10.6
10	4	9	装饰加工板	17.2	10.6
11	1	0	稻谷	11.2	6.9
11	2	0	小麦	11.2	6.9
11	3	0	大米	11.2	6.9
11	4	0	小麦粉	11.2	6.9
11	5	0	玉米	11.2	6.9
11	6	0	大豆	11.2	6.9
11	7	0	马铃薯	11.2	6.9
11	9	1	甘薯	11.2	6.9
11	9	2	粮食种子	11.2	6.9
11	9	9	其他杂项粮食	11.2	6.9
12	1	0	籽棉	15.2	12.2
12	2	0	皮棉	15.2	12.2
12	9	1	絮棉 棉胎 旧棉	15.2	12.2
12	9	2	木棉	15.2	12.2
13	1	0	化学肥料	11.2	6.9
13	2	1	化学农药	15.1	9.3

附录 9

铁路货运 CHINA RAILWAY FREIGHT

安卓手机客户端

中国铁路×××局集团有限公司
货 物 运 单

BKHZA012

托运人	发站(公司)		专用线				货区			
	名称				经办人		货位			
					手机号码		车种车号			
	□上门取货	取货地址			联系电话		取货里程(km)			
收货人	到站(公司)		专用线				运到期限		标重	
	名称				经办人		施封号			
					手机号码		篷布号			
	□上门送货	送货地址			联系电话		送货里程(km)			

付费方式 □现金□支票□银行卡□预付款□汇总支付 | 领货方式 □电子领货 □纸质领货 | 装车方 | 施封方

货物名称	件数	包装	货物价格(元)	重量(kg)	箱型箱类	箱号	集装箱施封号	承运人确定重量(kg)	体积(m^3)	运价号	计费重量(kg)
合计											

选择服务		费目	金额(元)	税额(元)	费目	金额(元)	税额(元)
	□上门装车						
	□上门卸车						
	□保价运输□装载加固材料 □仓储 □冷藏(保温)						
	其他服务						
增值税发票类型 □普通票 □专用票	受票方名称: 约税人识别号: 地址、电话: 开户行及账号:	费用合计	大写:				

托运人记事: 签章	承运人记事: 卸货时间 月 日 时 到站收费票据号码 通知时间 月 日 时 领货人身份证号码 车站日期戳 货运员

收货人签章 车站接(交)货人签章 制单人 制单日期

附录 10

货运制票系统常用记事

记事码	记事	记事码	记事	记事码	记事
061	原车过轨不换装	151	二级超限	202	集装箱空重联运
063	换轮	152	超级超限	204	新箱装卸
064	声明价格	157	D 型车一级超重	228	20 英尺 BX 车供电运输
067	国联原路批数	158	D 型车二级超重	229	40 英尺 BX 车供电运输
068	无国境站换装	159	D 型车超级超重	230	自备货车自备机车
069	国联原路车数	160	限速	231	自备货车铁路机车
070	国联换装费	180	站内搬运	232	铁路货车自备机车
071	国联原路车辆滞留费	181	货车停放天数	233	自备货车空车挂运
072	换票运输	190	整车加装或分卸	234	自备车回空加 100%
080	物流总包	191	危险货物加 50%	235	自备车回空捎货
081	促销价	192	一级毒害品加 100%	241	自备其他车装货
140	《价规》11 条 1 款规定	193	危险货物	242	换长<1.5 m 专用车
149	D 型车减吨	200	裸装货物	250	快运
150	一级超限	201	集装箱重空联运	270	免收运费

续上表

记事码	记事	记事码	记事	记事码	记事
273	免收验关手续费	432	机车出租	501	三角 1
280	特价回送	433	仓库出租	502	三角 2
331	军运集中核收取送车费	434	雨棚站台出租	503	三角 3
335	货车延期占用	435	露天站台出租	504	三角 4
349	收货人自装卸	436	露天场地出租	505	三角 5
354	核收装卸费	450	米轨换装	506	三角 6
367	站内装掏箱作业	457	运输保险	507	三角 7
372	自备机车免发取送车费	477	迟交金	508	三角 8
400	托运人未支付一口价	478	小规模纳税人	509	三角丰
402	托运人未支付到站杂费	480	押运	510	三角 K
410	篷布延期使用	481	国联变更	511	三角 A
411	铁路篷布占用	482	装卸加固材料	512	三角 B
421	集装箱延期天数	495	集装箱赔偿费	513	三角 W
431	配件赔偿费	497	绳索赔偿费	514	圈联

续上表

记事码	记事	记事码	记事	记事码	记事
515	圈密	5321.3	燃烧爆炸品	5486.1	毒性物质
516	R	5331.4	无重大危险爆炸品	5496.2	感染性物质
517	限速连挂	5341.5	爆炸不敏感物质	5507	放射性物质(物品)
518	禁止溜放	5351.6	极端不敏感爆炸品	5518.1	酸性腐蚀性物质
519	停止制动	536	爆炸品	5528.2	碱性腐蚀性物质
520	成组连挂不得拆解	537	烟花爆竹	5538.3	其他腐蚀性物质
522	活动物	5382.1	易燃气体	5549.1	危害环境物质
523	超长货物	5392.2	非易燃无毒气体	5559.2	高温物质
524	限速 30	5402.3	毒性气体	5569.3	基因修改
525	限速 40	5413.1	一级易燃液体	557	剧毒品
526	限速 50	5423.2	二级易燃液体	558	中铁特货公司
527	特需班列	5434.1	易燃固体	559	需要加冰的车
528	快速班列	5444.2	易于自燃物质	560	需要上水的车
529	特快班列	5454.3	遇水易燃物质	561	水罐车
5301.1	整体爆炸品	5465.1	氧化性物质	562	食油罐车
5311.2	迸射爆炸品	5475.2	有机过氧化物	563	自备车

续上表

记事码	记事	记事码	记事	记事码	记事
564	批快	579	发地铁过轨	661	中欧班列
565	小型箱	580	到地铁过轨	662	中亚班列
566	自驾车	581	卷钢支架	692	路料
567	倒装	582	抑尘	693	原列铁矿石
568	点到点列车	584	集装化用具	694	经沪深发到集装箱
569	军运危险货物组级	585	开天窗	701	保价费浮动
570	调度命令	596	免收集箱使用费	702	保价费另收
571	卷钢	597	专用线卸后原地利用	711	竞争性一口价
572	跨装	603	装掏箱作业	758	过境危险品加乘
573	装载加固方案号码	605	过轨运输	761	过境空集装箱
574	押运人须知已发	647	抢险救灾	764	过境超限运输
575	容许运输期限	648	支农物资	765	过境五定班列
576	证明文件名称号码	650	轻泡货物	803	装车后方站
577	进口原包装危险货物	656	活口	804	卸车前方站
578	危险品经办人身份信息	660	班列车次